中國思想史資料叢刊

老子道德經解

〔明〕憨山德清 著
尚之煜 校釋

中華書局

圖書在版編目(CIP)數據

老子道德經解/(明)憨山德清著;尚之煜校釋. —北京:中華書局,2020.7(2025.6 重印)
(中國思想史資料叢刊)
ISBN 978-7-101-14607-3

Ⅰ.老… Ⅱ.①憨…②尚… Ⅲ.①道家②《道德經》-注釋 Ⅳ.B223.12

中國版本圖書館 CIP 數據核字(2020)第 102650 號

責任編輯:王　娟
特約編輯:王　璇
封面設計:周　玉
責任印製:管　斌

中國思想史資料叢刊
老子道德經解
〔明〕憨山德清 著
尚之煜 校釋
*
中華書局出版發行
(北京市豐臺區太平橋西里 38 號　100073)
http://www.zhbc.com.cn
E-mail:zhbc@zhbc.com.cn
北京新華印刷有限公司印刷
*
850×1168 毫米 1/32 · 7½印張 · 2 插頁 · 136 千字
2020 年 7 月第 1 版　　2025 年 6 月第 5 次印刷
印數:7001-8000 册　　定價:35.00 元

ISBN 978-7-101-14607-3

目録

前　言

老子道德經解，明代釋德清撰。其書按照通行本道德經的結構與内容，分爲上下兩篇，上篇主解道，下篇主解德；在前置發明諸題簡明其理趣後，又依老子八十一章原文分别綴解，從禪宗的角度闡發道德經義藴，倡言「教三道一」的理念宏旨。

一

撰著者釋德清（公元一五四六——一六二三年），亦稱憨山德清、憨山禪師，明代四大高僧之一。安徽全椒人，俗姓蔡，字澄印，號憨山（因遊五臺山，見憨山奇秀，取之爲號，故世多尊稱憨山禪師、憨山大師）。釋德清學養深厚，禪修精誠，著述宏富。其青少業儒，並博通内外黄老之學；十九歲出家受具足戒，並師從棲霞山法會禪師受禪法，修持得大悟。另據其自序年譜可知，釋德清歷住青州海印寺、曹溪寶林寺等佛刹，闡揚禪宗，倡導念佛與看話頭雙修。明熹宗天啓三年十月示寂，世壽七十八歲。其著述有楞嚴經通議十卷、觀楞伽經記八卷、法華經通義七卷、自序年譜二卷等，有弟子彙編其遺文爲憨山老人夢遊集凡五十五卷行世。

二

對道德經進行校注、闡發的作品古今甚衆，而釋德清所撰著的老子道德經解（以下簡稱經解）有其獨特的角度與特點。

經解的義藴，簡要而言，是通過對道德經核心概念「道德」的闡釋，發明「教三道一」的大旨。爲融通三教，經解大體應用「體」與「用」的關係闡釋「道」與「德」、「神」與「形」、「性」與「心」、「母」與「子」等概念之間的關係。通觀經解大意，總的來説，「體」應理解爲心證冥會所得的心物本體、宏觀原理等，大致對應老子之「道」、「神」及禪家之「性」等概念；「用」，應理解爲體現本體、原理的境象及事項等，大體對應老子之「德」、「形」及禪家之「心」等概念。體、用雖異而又不可離分，非體無以能用，非用無以顯體。爲説明方便，下面我們試從體用之理、體用之境、無爲之用等幾個方面，分别對經解所闡釋的内容略作引述。

關於體用之理，如經解上篇首章提示：「此章總言道之體用，及入道工夫也。……意謂真常之道，本無相無名，不可言説；凡可言者，則非真常之道矣，故『非常道』。且道本無名，今既强名曰『道』，是則凡可名者，皆假名耳，故『非常名』。此二句，言道之體也。」進而點明：「然無相無名之道，其體至虚，天地皆從此中變化而出，故爲天地之始。斯則無相無名之道體，全成有相有名之天地，而萬物盡從天地陰陽造化而生成，此所謂『一生二，二生三，三生萬物』，故爲萬物之母。此二句，言道之用也。」另如第十章即提示了體與用在修持中的體現及兩者的關係，其中有云：「此三句，乃入道工夫，得道之體也。老子意謂道體雖是精明，不知用上何如，若在用上無迹，方爲道妙，故向下審問其用。……然而學道工夫做到如此，體用兩全，形神俱妙，可謂造道之極，其德至妙，可以合乎天地之德矣。」如此等論，正是提示體用之理。此外尚有多章因文施解，從不同角度提示學人應明世間體用之理的内容，不贅引。

關於體用之境，經解在説明體用道理的基礎上，進而又啓發學人於修爲中感悟體用意境。如第一章最後即强調以體用之理指導禪修的實踐：「似此一段工夫，豈可以區區文字者也之乎而盡之哉！此愚所謂須是静工純熟，方見此中之妙耳。」又如第四章解説老子「吾不知誰之子，象帝之先」時提示：「此讚道之體用微妙，而不可測知也。……愚謂此章讚道體用之妙，且兼人而釋者。蓋老子凡言道妙，全是述自己胸中受用境界，故愚亦兼人而解之，欲學者知此，可以體認做工夫，方見老子妙處。字字皆有指歸，庶不爲虚無孟浪之談也。」由此可知，書中用言語表示的其實是無言的意境，是一種不可言表的内心感受，是無念靈知，本無固定的「意境」可言。

同時，全書又無不是在描繪天道體用，引導啓發學者親會這種意境。且不說第一章是其總綱，引人參悟，再如經解第十章解説老子「載營魄抱一，能無離乎」之意時云：「此章教人以造道之方，必至忘知絶迹，然後方契玄妙之德也。『載』，乘也；『營』，舊注爲『魂』。……然魂動而魄静，人乘此魂魄而有思慮妄想之心者。故動則乘魂，營營而亂想；静則乘魄，昧昧而昏沈。是皆不能抱一也。故楞嚴曰『精神魂魄，遞相離合』是也。今『抱一』者，謂魂魄兩載，使合而不離也。魂與魄合，則動而常静，雖惺惺而不亂想；魄與魂合，雖静而常動，雖寂寂而不昏沈。道若如此，常常抱一而不離，則動静不異，寤寐一如。」

關於無爲之用，如果説以上所論「體用之理」、「體用之境」，就是第四十八章强調的「爲學日益，爲道日損」、「損之又損，至於無爲」的空靈意境的話，那麽，這裏的無用之用則是其昇華的結果，即老子後面所强調的「無爲而無不爲」。

但這種無爲之用「過化存神之妙」的情境理説難明，而它在不同層次、不同事件上又會有不同的表現。憨山自序年譜中「年三十三」條云：「予年三十三，刻意書經。無論點畫大小，每落一筆，念佛一聲。遊山僧俗至者，必令行者通説。予雖手不輟書，然不失應對。凡問訊者，必與談數語。其高人故舊，必延坐禪床，對談不失，亦不妨書。對本臨之，亦不錯落。每日如常，略無一毫動静之相。鄰近諸老宿竊以爲異，率數衆來驗，故意攪擾。及書罷，讀之良信。」此類事例形象表現了道家的「無爲之用」、儒家的「感而遂通」及禪家的「證體啓用」融於日常的境界。憨山認爲此境界非常高妙尊貴，體現了「道之真以治身」，如經解第十章所云：「然愛民治國，乃道之緒餘也。所謂『道之真以治身，其緒餘土苴以爲天下國家』，故聖人有天下而不與，愛民治國，可無爲而治。老子審問：能無爲乎？若不能無爲，還是不能忘迹，雖妙而不妙也。」

以上引論經解體用之理、體用之境、無爲之用，體現了三教修道修心的共同點和作者「教三道一」的理念宏旨。經解開篇即標明此理：「三教聖人所同者心，所異者迹也。以迹求心，則如蠡測海；以心融迹，則似芥含空；心迹相忘，則萬派朝宗，百川一味。」既講「以心融迹」，那麽如何得其心呢？則又示其法曰：「老子一書，向來解者例以虚無爲宗，及至求其入道工夫，茫然不知下手處。故予於首篇，將『觀無』『觀有』一『觀』字爲入道之要，使學者易入。然觀照之功最大，三教聖人皆以此示人。孔子則曰『知止而後有定』，又曰『明明德』，然知『明』即了悟之意。佛言『止觀』，則有三乘止觀、人天止觀，淺深之不同。若孔子，乃人乘止觀也；老子，乃天乘止觀也。」由此可知，憨山既爲禪宗大德，是在以禪的境界融會儒道精神而透解老子精髓。

另如會通三教的近現代著名哲學家熊十力先生有論：「儒佛二家所說的，皆本其所實證，而不爲戲論，只是各説向一方面去。會而通之，便識全體。佛家説空寂，本不謂空是空無，寂是枯寂，故知此體空寂，元是生生化化不息真幾。不空不寂，只是滯礙物，何有生化？儒家言生化亦非不窺到空寂，只不肯深説。故二家所見，元本一理，法爾貫通，非以意爲糅雜也。嘗謂儒佛二家，通之則兩全，離之則各病。……在佛法未入中土以前，老子治易而崇無，蓋已有見於此。」〔一〕结合此論，或能給我們更全面的啓發。

總之，我們認爲，釋德清老子道德經解是從佛教禪宗的角度闡發道德經義藴，論述倡揚了「教三道一」的理念。與其説此書展示某人某派的宗教思想，不如説它集中體現了我國傳統思想文化「和而不同」的包容性，以及生生不息、砥礪向上的優異品質。

三

有關此次整理的其他具體事項，再略作説明：

一、關於釋德清老子道德經解的版本情況，説來有些奇特。或因明末清初之際世道未

〔一〕新唯識論，熊十力著，中華書局一九八五年版，第四〇三—四〇四頁。

安，或因其所解非佛典等緣故，其書未收入較早的佛藏，如明末嘉興藏未收，清乾隆藏雖收有憨山老人夢遊集，但此篇則付之闕如（故其後的大正藏及續藏甚至禪宗全書中亦未見有收）。藏外或應有更早的版本傳世，但至今未及見。正因如此，此書更顯可貴。我們謹選金陵刻經處於光緒十二年（一八八六）據當時搜求所得的傳世本所作的校訂本爲底本，對此書進行標點、注釋。

二、原書無總目，文中亦未標明章節、段落，今予補置。

三、用魏王弼老子道德經注作校本（此取中華書局二〇〇八年版，樓宇烈校釋本，簡稱「王弼本」），對書中老子原文加以校勘，示其不同，並對釋德清釋文中的生僻詞語略作簡明注釋。

四、另附釋德清觀老莊影響論、自序年譜兩篇資料，以資學者對照參究。

書中不當之處在所難免，敬請方家指正。

尚之煜　二〇一八年戊戌中秋於金陵東山舊居

注道德經序

予少喜讀老莊，苦不解義。惟所領會處，想見其精神命脈，故略得離言之旨。及搜諸家注釋，則多以己意爲文，若與之角，則義愈晦。及熟玩莊語，則於老恍有得焉。因謂注乃人人之老莊，非老莊之老莊也。以老文簡古而旨幽玄，則莊實爲之注疏，苟能懸解，則思過半矣。

空山禪暇，細玩沈思，言有會心，即託之筆，必得義遺言，因言以見義。或經旬而得一語，或經年而得一章。始於東海，以至南粵，自壬辰以至丙午，周十五年乃能卒業。是知古人立言之不易也。

以文太簡，故不厭貫通，要非枝也。嘗謂儒宗堯舜，以名爲教，故宗於仁義；老宗軒黄，道重無爲，如云「失道德而後仁義」，此立言之本也。故莊之誹薄，殊非大言，以超俗之論則駭俗，故爲放而不收也。當仲尼問禮，則歎爲「猶龍」，聖不自聖，豈無謂哉？故老以無用爲大用，苟以之經世，則化理治平，如指諸掌。尤以無爲爲宗極，性命爲真修，即遠世遺榮，殆非矯矯，苟得其要，則真妄之途，雲泥自别。所謂「真以治身，緒餘以爲天下國家」，信非誣矣。

或曰：「子之禪貴忘言，乃嘵嘵於世諦，何所取大耶？」予曰：不然！鴉鳴鵲噪，咸自天機，蟻聚蜂遊，都歸神理。是則何語非禪，何法非道？況釋智忘懷之談，詎非入禪初地乎？且禪以我蔽，故破我以達禪，老則先登矣。若夫玩世蜉蝣，尤當以此爲樂土矣。

注成，始刻於嶺南，重刻於五雲南嶽與金陵，今則再刻於吴門，以尚之者衆，故施不厭普矣。

老子傳

按史記：

老子者，楚苦音怙。縣，厲音賴。鄉，曲仁里人也。姓李氏，名耳，字伯陽，謚曰聃。周守藏室之史也。亦云柱下史。

孔子適周，將問禮於老子。老子曰：「子所言者，其人與骨皆已朽矣，獨其言在耳。君子得其時則駕，不得其時，則蓬累而行。蓬累，簦笠也。首戴之而行，言無車蓋也。吾聞之，良賈深藏若虛，君子盛德，容貌若愚。去子之驕氣與多欲，態色與淫志，是皆無益於子之身。吾所以告子者，若是而已。」

孔子去，謂弟子曰：「鳥，吾知其能飛；魚，吾知其能遊；獸，吾知其能走。走者可以爲網，遊者可以爲綸，飛者可以爲矰。至於龍，吾不能知，其乘風雲而上天。吾今見老子，其猶龍耶！」

老子修道德，其學以自隱無名爲務。居周久之，見周之衰，廼遂去。至關，關令尹喜曰：「子將隱矣，彊爲我著書。」於是老子遂著書上下篇，言道德之意五千餘言而去，莫知所終。

老子生周定王三年。母孕八十年而生，生而皓首，故稱老子。

發明宗旨

老氏所宗，以虚無自然爲妙道，此即楞嚴所謂「分别都無，非色非空，拘舍離等，昧爲冥諦」[一]者是已。此正所云「八識空昧之體」也。以其此識，最極幽深，微妙難測，非佛不足以盡之，轉此則爲大圓鏡智矣[二]。菩薩知此，以止觀而破之，尚有分證。至若聲聞不知，則取之爲涅槃；西域外道梵志不知，則執之爲冥諦，此則以爲虚無自然妙道也。

故經曰：「諸修行人，不能得成無上菩提，乃至别成聲聞緣覺。諸天外道、魔王及魔眷屬，皆由不知二種根本，錯亂修習，猶如煮沙欲成佳饌，縱經塵劫，終不能得。云何二種？一者無始生死根本，則汝今者與諸衆生，用攀緣心爲自性者；二者無始涅槃元清淨體，則汝今者識精元明，能生諸緣，緣所遺者。」[三]

此言「識精元明」，即老子之妙道也。故曰：「杳杳冥冥，其中有精，其精甚真。」由其此體至虚至大，故非色；以能生諸緣，故非空；不知天地萬物皆從此識變現，乃謂之自然；由不思議熏，不思議變，故謂之妙；至精不雜，故謂之真；天地壞而此體不壞，人身滅而此性常存，故謂之常；萬物變化，皆出於此，故謂之「天地之根」、「衆妙之門」。

凡遇書中所稱真常玄妙、虚無大道等語，皆以此印證之，則自有歸趣；不然，則茫若捕風捉影矣。故先示於此，臨文不煩重出。

校釋

〔一〕分別都無，非色非空，拘舍離等，昧爲冥諦：此引自楞嚴經卷二。意爲「分別都無，非色非空」應爲正覺，而拘舍離（外道者名，下「梵志」同）等卻認爲是冥然不可知的境界。

〔二〕大圓鏡智：佛四智之一。是轉有漏的第八識所成，爲佛觀照一切事相理性無不明白的智慧，此智慧清淨圓明，洞徹内外，如大圓鏡映照萬物。

〔三〕諸修行人……緣所遺者：此引自楞嚴經卷一。「菩提」，覺道成智；「聲聞緣覺」，聞佛説而修出世法者，和自觀因緣而成道者，皆非大器；「無始菩提涅槃」，謂覺道而得自性清淨心；「識精元明」，妙明心體；「緣所遺者」，意諸緣既立，本明即失。

發明趣向

愚謂看老莊者，先要熟覽教乘〔一〕，精透楞嚴，融會吾佛破執之論，則不被他文字所惑。然後精修静定，工夫純熟，用心微細，方見此老工夫苦切。然要真真實實看得身爲苦本，智爲累根，自能隳形釋智，方知此老真實受用至樂處。更須將世事一一看破，人情一一覷透，虚懷處世，目前無有絲毫障礙，方見此老真實逍遥快活，廣大自在，儼然一無事道人。然後不得已而應世，則不費一點氣力，端然無爲而治。觀所以教孔子之言，可知已。

莊子一書，乃老子之注疏。故愚所謂老之有莊，如孔之有孟。是知二子所言，皆真實話，非大言也。故曰：「吾言甚易知，甚易行。天下莫能知，莫能行。」〔二〕而世之談二子者，全不在自己工夫體會，只以語言文字之乎者也而擬之，故大不相及。要且學疏狂之態者有之，而未見有以静定工夫而入者，此其所謂「知我者希」矣。

冀親二子者，當作如是觀。

校　釋

〔一〕教乘：指佛教經典（經、律、論）。

〔二〕吾言甚易知……莫能行：此句見老子第七十章。

發明工夫

老子一書，向來解者例以虚無爲宗，及至求其入道工夫，茫然不知下手處。故予於首篇，將「觀無」「觀有」一「觀」字爲入道之要，使學者易入。

然觀照之功最大，三教聖人皆以此示人。孔子則曰「知止而後有定」，又曰「明明德」，然知「明」即了悟之意。佛言「止觀」，則有三乘止觀、人天止觀，淺深之不同〔一〕。若孔子，乃人乘止觀也；老子，乃天乘止觀也。

然雖三教止觀淺深不同，要其所治之病，俱以先破我執爲第一步工夫。以其世人盡以「我」之一字爲病根，即智愚賢不肖，汲汲功名利禄之場，圖爲百世子孫之計，用盡機智，總之皆爲一身之謀，如佛言「諸苦所因，貪欲爲本，皆爲我故」，老子亦曰「貴大患若身」。

以孔聖爲名教宗主，故對中下學人，不敢輕言破我執，唯對顔子則曰「克己」，其餘但言「正心」、「誠意」、「修身」而已。然心既正、意既誠、身既修，以此施於君臣父子之間，各盡其誠，即此是道，所謂爲名教設也。至若絶聖棄智、無我之旨，乃自受用地，亦不敢輕易舉似於人。唯引而不發，所謂「若聖與仁，則吾豈敢」。又曰：「吾有知乎哉？無知也！有鄙夫問於我，空空如也。」至若極力爲人處，則曰「克己」，則曰「毋意，毋必，毋固，毋我」〔三〕。此四言者，肝膽畢露。然己者我私，意者生心，必者待心，固者執心，我者我心，克者盡絶，毋者禁絶之辭，教人盡絶此意、必、固、我四者之病也。以聖人虚懷遊世，寂然不動；物來順應，感而遂通；用心如鏡，不將不迎；來無所粘，去無蹤迹；身心兩忘，與物無競。此聖人之心也。

世人所以不能如聖人者，但有意、必、固、我四者之病，故不自在，動即是苦。孔子觀見世人病根在此，故使痛絶之。即此之教，便是佛老以無我爲宗也。且「毋」字便是斬截工夫，下手最毒，即如法家禁令之言，毋得者，使其絶不可有犯，一犯便罪不容赦，只是學者不知耳。

至若吾佛説法，雖浩瀚廣大，要之不出破衆生麤細我法二執而已。二執既破，便登佛地，即三藏經文，皆是破此二執之具。所破之執，即孔子之四病，尚乃麤執耳。世人不知，將謂别有玄妙也。

若夫老子超出世人一步，故專以破執立言，要人釋智遺形，離欲清淨。然所釋之智乃私智，即意、必也；所遺之形，即固、我也；所離之欲，即己私也。清淨則廓然無礙，如太虚空，即孔子之大公也。是知孔老心法未嘗不符，第門庭施設，藩衛世教，不得不爾。以孔子專於經世，老子專於忘世，佛專於出世。然究竟雖不同，其實最初一步，皆以破我執爲主，工夫皆由止觀而入。

校釋

〔一〕三乘止觀、人天止觀：「止觀」即指定、慧二法，爲佛教重要修行法門。止爲止息一切外境與妄念；觀爲生起正智慧，又稱作寂照、明静等。在實踐中，又分有、空、中三乘止觀及人天止觀等層次。

〔二〕毋意，毋必，毋固，毋我：此引自論語子罕。大意爲孔子提倡杜絶憑空臆測、務得之心、固守不變、自以爲是等四種修養缺陷。

發明體用

或曰：三教聖人教人，俱要先破我執，是則無我之體同矣。奈何其用有經世、忘世、出世之不同耶？

答曰：體用皆同，但有淺深小大之不同耳。假若孔子果有我，是但爲一己之私，何以經世？佛老果絶世，是爲自度，又何以利生？是知由無我方能經世，由利生方見無我，其實一也。若孔子曰「寂然不動，感而遂通天下之故」〔一〕，用也；「明則誠」，體也；「誠則形」，用也；「心正意誠」，體也；「身修、家齊、國治、天下平」，用也。老子「無名」，體也；「無爲而爲」，用也。

孔子曰：「惟天惟大，唯堯則之，蕩蕩乎民無能名焉。」又曰：「無爲而治者，其舜也歟？」且經世以堯舜爲祖，此豈有名有爲者耶？由無我方視天下皆我，故曰「堯舜與人同耳」，以人皆同體。所不同者，但有我私爲障礙耳。由人心同此心，心同則無形礙，故汲汲爲之教化以經濟之。此所以由無我而經世也。

老子則曰：「常善教人，故無棄人。」「無棄人」，則人皆可以爲堯舜。是由無我方能利生也。若夫一書所言「爲而不宰」、「功成不居」等語，皆以無爲爲經世之大用，又何嘗忘世哉！

至若佛，則體包虛空，用周沙界，隨類現身，乃曰：「我於一切衆生身中成等正覺。」又曰：「度盡衆生，方成佛道。」又曰：「若能使一衆生發菩提心，寧使我身受地獄苦，亦不疲厭。」然所化衆生，豈不在世間耶？既涉世度生，非經世而何？且爲一人而不厭地獄之苦，豈非汲汲耶？若無一類而不現身，豈有一定之名耶？列子嘗云：「西方有大聖人，不言而信，無爲而化。」是豈有心要爲耶？

是知三聖無我之體、利生之用皆同，但用處大小不同耳。以孔子匡持世道，姑從一身以及家國，後及天下，故化止於中國。且要人人皆做堯舜，以所祖者堯舜也。老子因見當時人心澆薄，故思復太古。以所祖者軒黄也，故件件說話，不同尋常。因見得道大難容，故遠去流沙。若佛則教被三千世界，至廣至大，無所揀擇矣。若子思所讚聖人乃曰：「凡有血氣者，莫不尊親。」是知孔子體用，未嘗不大，但局於時勢耳。正是隨機之法，故切近人情。此體用之辯也。

惜乎！後世學者，各束於教，習儒者拘，習老者狂，學佛者隘，此學者之弊，皆執我之害也。果能力破我執，則剖破藩籬，即大家矣。

校釋

〔一〕寂然不動，感而遂通天下之故：引自周易繫辭上。朱熹周易本義注：「寂然者，感之體；感通者，寂之用。」（周易本義，宋朱熹撰，北京市中國書店一九八七年版，繫辭上頁十九）

發明歸趣

愚嘗竊謂孔聖若不知老子，決不快活；若不知佛，決不奈煩。老子若不知孔，決不口口說無爲而治；若不知佛，決不能以慈悲爲寶。佛若不經世，決不在世間教化衆生。愚意孔、老即佛之化身也。

後世學佛之徒，若不知老，則直管往虚空裏看將去，目前法法都是障礙，事事不得解脱；若不知孔子，單單將佛法去涉世，決不知世道人情，逢人便説玄妙，如賣死貓頭，一毫没用處。故祖師亦云：「説法不投機，終是閒言語。」所以華嚴經云「或邊地語説四諦」〔一〕，此佛説法未嘗單誇玄妙也。然隨俗以度生，豈非孔子經世之心乎？又經云：「五地聖人，涉世度生，世間一切經書技藝、醫方雜論、圖書印璽種種諸法，靡不該練，方能隨機。」故曰：「世諦語言資生之業，皆順正法。」

故儒以仁爲本，釋以戒爲本。若曰「孝悌爲仁之本」，與佛「孝名爲戒」，其實一也。以此觀之，佛豈絶無經世之法乎？由孔子攘夷狄，故教獨行於中國，佛隨邊地語説四諦，故夷狄皆從其化，此所以用有大小不同耳。

是知三教聖人所同者心，所異者迹也。以迹求心，則如蠡測海；以心融迹，則似芥含空；心迹相忘，則萬派朝宗，百川一味。

校釋

〔一〕或邊地語説四諦：意爲有時需要到偏遠處宣説四諦常理。「四諦」，苦、集、滅、道，爲小乘教常理。

老子道德經解上篇

明建鄴憨山道者釋德清著

一章

道，可道，非常道；名，可名，非常名。無名，天地之始；有名，萬物之母。故常無，欲以觀其妙；常有，欲以觀其徼。此兩者同，出而異名，同謂之玄。玄之又玄，衆妙之門。

此章總言道之體用，及入道工夫也。

老氏之學盡在於此，其五千餘言所敷演者，唯演此一章而已。所言「道」，乃真常之道；「可道」之「道」，猶言也。意謂真常之道，本無相無名，不可言説；凡可言者，則非真常之道矣，故「非常道」。且道本無名，今既强名曰「道」，是則凡可名者，皆假名耳，故「非常名」。此二句，言道之體也。然無相無名之道，其體至虚，天地皆從此中變化而出，故爲天地之始。斯則無相無名之道體，全成有相有名之天地，而萬物盡從天地陰陽造化而生成，此所謂「一生二，二生三，三生萬物」，故爲萬物之母。此二句，言道之用也。

此下二句，乃入道之工夫。「常」，猶尋常也；「欲」，猶要也。老子謂：「我尋常日用安心於無，要以觀其道之妙處；我尋常日用安心於有，要以觀其道之徼處。」「徼」，猶邊際也。意謂全虛無之道體，既全成了有名之萬物，是則物物皆道之全體所在，正謂一物一太極。是則只在日用目前事事物物上，就要見道之實際，所遇無往而非道之所在。故莊子曰：「道在稊稗」，「道在屎尿」。如此深觀，纔見道之妙處。此二「觀」字最要緊。

「此兩者同」已下，乃釋疑顯妙。老子因上説觀無、觀有，恐學人把「有」「無」二字看做兩邊，故釋之曰「此兩者同」。意謂我觀無，不是單單觀無，以觀虛無體中而含有造化生物之妙；我觀有，不是單單觀有，以觀萬物象上而全是虛無妙道之理。是則有無並觀，同是一體，故曰「此兩者同」。

恐人又疑：兩者既同，如何又立「有」「無」之名？故釋之曰：「出而異名。」意謂虛無道體，既生出有形天地萬物，而有不能生有，必因無以生有；無不自無，因有以顯無。此乃有無相生，故二名不一，故曰「出而異名」。

至此恐人又疑：既是有無對待，則不成一體，如何謂之妙道？故釋之曰：「同謂之玄。」斯則天地同根，萬物一體，深觀至此，豈不妙哉！

老子又恐學人工夫到此，不能滌除玄覽〔一〕，故又遣之曰「玄之又玄」。意謂雖是有無同觀，若不忘心忘迹，雖妙不妙。殊不知，大道體中不但絶有無之名，抑且離玄妙之迹，故曰「玄之又玄」。工夫到此，忘懷泯物，無往而不妙，故曰「衆妙之門」，斯乃造道之極也。

似此一段工夫，豈可以區區文字者也之乎而盡之哉！此愚所謂須是静工純熟，方見此中之妙耳。

校釋

〔一〕滌除玄覽：滌除，澄清雜念；玄覽，默照空性。意爲以清静心觀照，所謂魂魄抱一，惺惺寂寂的狀態。

二　章

天下皆知美之爲美，斯惡已；皆知善之爲善，斯不善已。

故有無相生，難易相成，長短相形，高下相傾，音聲相和，前後相隨。是以聖人處無爲之事，行不言之教。萬物作焉而不辭，生而不有，爲而不恃，功成而不居。夫惟不居[一]，是以不去。

此釋前章「可名，非常名」，以明世人居有爲之迹，虚名不足尚，聖人處無爲之道以御世，功不朽而真名常存之意也。

意謂天下事物之理，若以大道而觀，本無美與不美，善與不善之迹，良由人不知道，而起分别取捨好尚之心，故有美惡之名耳。然天下之人，但知適己意者爲美，殊不知在我以爲美，自彼觀之，則又爲不美矣。譬如西施顰美，東施愛而效之，其醜益甚，此所謂「知美之爲美，斯惡已」。「惡」，醜也。又如比干，天下皆知爲賢善也，紂執而殺之，後世效之以爲忠，殺身而不悔，此所謂「知善之爲善，斯不善已」。此皆尚名之過也。

是則善惡之名因對待而有，故名則「有無相生」，事則「難易相成」，物則「長短相形」，位則「高下相傾」，言則「音聲相和」，行則「前後相隨」，此乃必然之勢。譬如世人以尺爲長，以寸爲短，假若積寸多於尺，則又名寸爲長，而尺爲短矣。凡物皆然，斯皆有爲之迹耳。

凡可名者，皆可去，此所謂「名，可名，非常名」也。是以聖人知虚名之不足尚，故處無爲之道以應事；知多言之不可用，故行不言之教以化民。如天地以無心而生物，即萬物皆往資焉，不以物多而故辭。雖生成萬物，而不以萬物爲己有；雖能生物，而不自恃其能。且四時推移，雖有成物之功，功成而不居。夫惟不居其功，故至功不朽。不尚其名，故真名常存。聖人處無爲之道，亦由是也。

蓋「萬物作焉」已下，皆是説天地之德，以比聖人之德，文意雙關，莊子釋此意極多。

校釋

〔一〕夫惟不居：此「不居」及上句「不居」，王弼本均作「弗居」。

三　章

不尚賢，使民不争；不貴難得之貨，使民不爲盜；不見可欲，使心不亂。是以聖人之治，虚其心，實其腹，弱其志，强其骨；常使民無知無欲，使夫知者不敢爲也〔一〕。爲無爲，則無不治。

此言世人競有爲之迹，尚名、好利、嗜欲之害，教君人者治之之方。以釋上章「處無爲之事，行不言之教」之實效也。

蓋「尚賢」，好名也；名，争之端也。故曰「争名於朝」，若上不好名，則民自然不争。「貴難得之貨」，好利也；利，盜之招也。若上不好利，則民自然不爲盜，故曰「苟子之不欲，雖賞之不竊」。所以好名好利者，因見名利之可欲也，故動亂其心以争競之。若在上者，苟不見名利有可欲，則民亦各安其志，而心不亂矣。故曰「不見可欲，使心不亂」。然利，假物也，人以隋珠爲重寶〔二〕，以之投雀，則飛而去之；色，妖態也，人以西施爲美色，麋鹿則見而驟之；名，虚聲也，人以崇高爲貴名，許由則避而遠之〔三〕；食，爽味也，人以太牢爲珍羞，海鳥則觴而悲之。是則財、色、名、食，本無可欲，而人欲之者，蓋由人心妄想思慮之過也。

是以聖人之治，教人先斷妄想思慮之心，此則拔本塞源，故曰「虚其心」；然後使民安飽自足，心無外慕，故曰「實其腹」。然而人心剛强好争者，蓋因外物誘之，而起奔競之志也。故小人雞鳴而起，孳孳爲利〔四〕；君子雞鳴而起，孳孳爲名，此强志也。然民既安保自足，而在上者則以清淨自正，不可以聲色貨利外誘民心，則民自絶貪求，不起奔競之志，其志自弱，故曰「弱其志」。民既無求，則使之以鑿井而飲，耕田而食，自食其力，故曰「强其骨」。如此，則常使民不識不知，而全不知聲色貨利之可欲，而自然無欲矣，故曰「常使民無知無欲」。縱然間有一二黠滑之徒，雖知功利之可欲，亦不敢有妄爲攘奪之心矣，故曰「使夫知者不敢爲也」。

如上所言，乃不言之教，無爲之事也。人君苟能體此而行以治天下，則天下無不治者矣，故結之曰「爲無爲，則無不治」。

老子文法極古，然察其微意，蓋多述古，或述其行事，或述其文辭。似此「爲無爲，則無不治」，乃述上古聖人之行事者。至若「是謂」等語，皆引古語以證今意，或以己意而釋古語者。且其文法機軸，全在結句，是一篇主意。蓋結句即題目也。讀者知此，則思過半矣。至其句法，有一字一句，二字一句，三字一句者極多。人不知此，都連牽讀去，不但不得老子立言之妙，而亦不知文章之妙也。

校釋

〔一〕使夫知者不敢爲也：王弼本「知」作「智」。

〔二〕隋珠爲重寶：隋侯之珠，徑寸而吐耀，此喻家國之重寶。事見戰國策楚策四等。

〔三〕許由則避而遠之：許由，傳説中的隱士。相傳堯讓以天下，不受，隱遁於野。事見莊子逍遥遊。

〔四〕孳孳爲利：「孳孳」，同「孜孜」，對功利追求不懈意。如禮記表記：「日有孳孳，斃而後已。」

四　章

道沖，而用之或不盈。淵兮，似萬物之宗。挫其鋭，解其紛，和其光，同其塵。湛兮，似或存。吾不知誰之子，象帝之先。

此讚道之體用微妙，而不可測知也。「沖」，虚也；「盈」，充滿也；「淵」，静深不動也；「宗」，猶依歸也。謂道體至虚，其實充滿天地萬物，但無形而不可見，故曰「用之或不盈」。道體淵深寂漠，其實能發育萬物，而爲萬物所依歸，但生而不有，爲而不宰，故曰「似萬物之宗」。「或」、「似」，皆不定之辭。老子恐人將言語爲實，不肯離言體道，故以此等疑辭以遣其執耳。「鋭」，即剛勇精鋭。謂人剛鋭之志、勇鋭之氣、精鋭之智，此皆無物可挫，唯有道者能挫之，故曰「挫其鋭」。如子房之博浪〔一〕，其剛勇可知；大索天下而不得，其精鋭可知。此其無可挫之者，唯見挫於圯上老人一草履耳。由子房得此而進之於漢，卒以無事取天下。吾意自莊周以下，而功名之士，得老氏之精者，唯子房一人而已。以此較之，周善體而良善用，方朔得之則流爲詭矣。其他何足以知之！

「紛」，謂是非紛擾，即百氏衆口之辨也。然各是其是，各非其非，此皆無人解之者，唯有道者，以不言之辨而解之，所謂「大辨若訥」。以道本無言，而是非自泯，故曰「解其紛」。

「和」，混融也；「光」，智識衒耀於外，即所謂「飾智驚愚，修身明汙」者是也。唯有道者，韜光内照，光而不耀，所謂「衆人昭昭，我獨若昏；衆人察察，我獨悶悶」，故曰「和其光」。與俗混一而不分，正謂「呼我以牛，以牛應之；呼我以馬，以馬應之」，故曰「同其塵」。

然其道妙用如此，變化無方，而其體則湛然不動，雖用而無迹，故曰「湛兮」、「或存」。要妙如此，而不知其所從來，故曰「吾不知誰之子」。且而不是有形之物，或「象帝之先」耶？「帝」，即天帝；「象」，或似也。

愚謂此章讚道體用之妙，且兼人而釋者。蓋老子凡言道妙，全是述自己胸中受用境界。故愚亦兼人而解之，欲學者知此，可以體認做工夫，方見老子妙處。字字皆有指歸，庶不爲虚無孟浪之談也。

校釋

〔一〕子房之博浪：子房即漢初名臣張良，原爲韓國貴族，秦滅韓後，曾交刺客於博浪沙狙擊秦始皇，未中。後助劉邦成帝業。後文爲「圯上老人」施「草履」，得受太公兵法事等，爲張良少年事。見史記卷五五留侯世家。

五　章

天地不仁，以萬物爲芻狗〔一〕；聖人不仁，以百姓爲芻狗。

天地之間，其猶橐籥乎？虚而不屈，動而愈出。

多言數窮，不如守中。

此言天地之道，以無心而成物，聖人之道，以忘言而體玄也。「仁」，好生愛物之心；「芻狗」，乃縛芻爲狗，以用祭祀者。且「天地」、「聖人」，皆有好生愛物之仁。而今言「不仁」者，謂「天地」雖是生育萬物，不是有心要生，蓋由一氣當生，不得不生，故雖生而不有。

譬如「芻狗」，本無用之物，而祭者當用，不得不用，雖用而本非有也，故曰「天地不仁，以萬物爲蒭狗」。聖人雖是愛養百姓，不是有心要愛，蓋由同體當愛，不得不愛，雖愛而無心。譬如「蒭狗」，雖虚假之物，而尸之者當重，不得不重，雖重而知終無用也，故曰「聖人不仁，以百姓爲蒭狗」。

「猶」，似也；「橐」，即皮鞲，乃鼓風鑄物之器；「籥」，即管籥，乃承氣出音之器；「屈」，枉己從人之意；「動」，猶感觸也。謂橐籥二物，其體至虚而有用，未嘗恃巧而好爲，故用不爲伸，不用則虚以自處，置之而亦不自以爲屈，故曰「虚而不屈」。且人不用則已，若用之則觸動其機，任其造作而不休，故曰「動而愈出」。

然道在天地，則生生而不已；道在聖人，則既已爲人己愈有，既已與人己愈多。大道之妙如此。惜乎！談道者不知虚無自然之妙，方且衆口之辨説，説而不休，去道轉遠，故曰「多言數窮」。不若忘言以體玄，故曰「不若守中」。蓋「守中」，即進道之功夫也。

校釋

〔一〕以萬物爲蒭狗：本句及下句「以百姓爲蒭狗」，王弼本「蒭」均作「芻」。

六章

谷神不死，是謂玄牝。玄牝之門，是謂天地根。緜緜若存，用之不勤。

此言道體常存，以釋上章「虛而不屈，動而愈出」之意也。「谷」，虛而能應者，以譬道體至虛，靈妙而不可測，亘古今而長存，故曰「谷神不死」。且能生天生地，萬物生生而不已，故曰「是謂玄牝」。「牝」，物之雌者，即所謂「萬物之母」也。「門」，即出入之樞機。謂道爲樞機，萬物皆出於機，入於機，故曰「玄牝之門，是謂天地根」。「緜」，幽緜不絕之意。謂此道體至幽至微，緜緜而不絕，故曰「若存」。愈動而愈出，用之不竭，故曰「不勤」。凡有心要作，謂之勤，蓋道體至虛，無心而應用，故「不勤」耳。

七章

天長地久。天地所以長且久者，以其不自生，故能長生。是以聖人後其身而身先，外其身而身存。非以其無私耶，故能成其私！

此言天地以不生故長生，以比聖人忘身故身存也。意謂世人各圖一己之私，以爲久長計，殊不知有我之私者，皆不能長久也。何物長久？ 唯天地長久，然天地所以長久者，以其不自私其生，故能長生。 其次則聖人長久，是以聖人體天地之德，不私其身以先人，故人樂推而不厭，故曰「後其身而身先」。 聖人不愛身以喪道，故身死而道存，道存則千古如生，即身存也，故曰「外其身而身存」。

老子言此，乃審問之曰：「此豈不是聖人以無私而返成其私耶？」且世人營營爲一身之謀，欲作千秋之計者，身死而名滅，是雖私，不能成其私，何長久之有？

八 章

上善若水。 水善利萬物而不爭，處衆人之所惡，故幾於道矣。居善地，心善淵，與善仁，言善信，政善治〔一〕，事善能，動善時。夫惟不爭，故無尤。

此言不爭之德，無往而不善也。

「上」，最上，謂謙虚不爭之德最爲上善，譬如水也，故曰「上善若水」。 水之善，妙在「利萬物而不爭」。 「不爭」，謂隨方就圓，無可不可，唯處於下。 然世人皆好高而惡下，唯聖人處之，故曰「處衆人之惡，故幾於道」。 「幾」，近也。

由聖人處謙下不爭之德，故無往而不善。 居則止於至善，故曰「善地」； 心則淵静深默，無往而不定，故曰「善淵」；「與」，猶相與，謂與物相與，無往而非仁愛之心，故曰「與善仁」；言無不誠，故曰「善信」；爲政不争，則行其所無事，故「善治」；爲事不争，則事無不理，故曰「善能」；不争，則用捨隨時，迫不得已而後動，故曰「善時」。不争之德如此，則無人怨，無鬼責，故曰「夫惟不争，故無尤」矣。

校　釋

〔一〕政善治：王弼本「政」作「正」。

九　章

持而盈之，不如其已。揣而鋭之〔一〕，不可長保；金玉滿堂，莫之能守；富貴而驕，自遺其咎。功成名遂身退〔二〕，天之道。

此言知進而不知退者之害，誡人當知止可也。

「持而盈之，不如其已」者，謂世人自恃有持滿之術，故貪位慕禄，進進而不已。老子意謂雖是能持，不若放下休歇爲高，故「不如其已」。倘一旦禍及其身，悔之不及。

即若李斯臨刑，顧謂其子曰：「吾欲與若復牽黄犬，出上蔡東門逐狡兔，豈可得乎？」此蓋恃善持其盈而不已者之驗也。故云「知足常足，終身不辱；知止常止，終身不耻」，此之謂也。

「揣而鋭之，不可長保」者，「揣」，揣摩；「鋭」，精其智思。如蘇、張善揣摩之術者是也。謂世人以智巧自處，恃其善於揣摩，而更益其精鋭之思，用智以取功名，進進而不已。老子謂雖是善能揣摩，畢竟不可長保。如蘇、張縱横之術，彼此相詐，不旋踵而身死名滅，此蓋揣鋭之驗也。如此不知止足之人，貪心無厭，縱得金玉滿堂，而身死財散，故曰「莫之能守」。縱然位極人臣，而驕泰以取禍，乃自遺其咎，此蓋知進不知退者之害也。人殊不知天道惡盈而好謙，獨不見四時乎？成功者退，人若功成名遂而身退，此乃得天之道也。

校釋

〔一〕揣而鋭之：王弼本「鋭」作「梲」。

〔二〕功成名遂身退：王弼本作「功遂身退」。

十章

載營魄抱一，能無離乎？專氣致柔，能如嬰兒乎？滌除玄覽，能無疵乎？愛民治國，能無爲乎〔一〕？天門開闔，能無雌乎？明白四達，能無知乎〔二〕？

生之畜之，生而不有，爲而不恃，長而不宰，是謂玄德。

此章教人以造道之方，必至忘知絶迹，然後方契玄妙之德也。

「載」，乘也；「營」，舊注爲「魂」。楚辭云「魂識路之營營」，蓋「營營」，猶言惺惺，擾動貌。然魂動而魄静〔三〕，人乘此魂魄而有思慮妄想之心者。故動則乘魂，營營而亂想；静則乘魄，昧昧而昏沈。是皆不能抱一也。故楞嚴曰「精神魂魄，遞相離合」是也。今「抱一」者，謂魂魄兩載，使合而不離也。魂與魄合，則動而常静，雖惺惺而不亂想；魄與魂合，雖静而常動，雖寂寂而不昏沈。道若如此，常常抱一而不離，則動静不異，寤寐一如。老子審問學者做工夫能如此乎？「乎」者，責問之辭。

「專氣致柔」，「專」如專城之專，謂制也。然人賴氣而有生，以妄有緣氣於中積聚，假名爲心。氣隨心行，故心妄動則氣益剛，氣剛而心益動，所謂氣壹則動志。學道工夫，先制其氣，不使妄動以薰心；制其心，不使妄動以鼓氣，心静而氣自調柔。工夫到此，則怒出於不怒矣，如嬰兒號而不嗄也〔四〕。故老子審問其人之工夫能如此乎？

「滌除玄覽」，「玄覽」者，謂前「抱一」、「專氣」工夫，做到純熟，自得玄妙之境也。若將此境覽在胸中，執之而不化，則返爲至道之病。只須將此亦須洗滌淨盡無餘，以至於忘心絶迹，方爲造道之極。老子審問：能如此乎？

此三句，乃入道工夫，得道之體也。老子意謂道體雖是精明，不知用上何如，若在用上無迹，方爲道妙，故向下審問其用。

然愛民治國，乃道之緒餘也。所謂「道之真以治身，其緒餘土苴以爲天下國家」〔五〕，故聖人有天下而不與，愛民治國，可無爲而治。老子審問：能無爲乎？若不能無爲，還是不能忘迹，雖妙而不妙也。

「天門」，指天機而言；「開闔」，猶言出入應用之意；「雌」，物之陰者。蓋陽施而陰受，乃留藏之意。蓋門有虚通出入之意，而人心之虚靈，所以應事接物，莫不由此天機發動。蓋常人應物，由心不虚，凡事有所留藏，故心日茆塞。莊子謂：「室無空虚，則婦姑勃蹊；心無天遊，則六鑿相攘。」〔六〕此言心不虚也。然聖人用心如鏡，不將不迎，來無所粘，去無蹤迹。所謂「應而不藏」，此所謂「天門開闔而無雌」也。老子審問：做工夫者能如此乎？

「明白四達」，謂智無不燭也。然常人有智，則用智於外，衒耀見聞。聖人智包天地，而不自有其知，謂含光内照，故曰「明白四達而無知」。老子問人：能如此乎？

然而學道工夫做到如此，體用兩全，形神俱妙，可謂造道之極，其德至妙，可以合乎天地之德矣。且天地之德，生之畜之，雖生而不有，雖爲不恃，雖長而不宰，聖人之德如此，可謂玄妙之德矣。

校釋

〔一〕能無爲乎：王弼本作「能無知乎」。

〔二〕能無知乎：王弼本作「能無爲乎」。

〔三〕魂動而魄静：説文解字：「魂，陽氣也」；「魄，陰神也」。古人認爲「魂」附氣而上動，「魄」附物而沉静。書中憨山提示，二者「抱一」「無離」方爲道態。清戴名世程偕柳稿序：「凡有形者謂之魄，無形者謂之魂。有魄而無魂者，則天下之物皆僵且腐，而無復有所爲物矣。」（戴名世集，清戴名世撰，中華書局一九八六年版，第七一頁）

〔四〕嬰兒號而不嗄：語意引自老子第五五章「終日號而嗌不嗄，和之至也」（王弼本無「嗌」字）。

意爲嬰兒雖然成天哭號但咽喉不嘶啞，因他是平和無欲的。

〔五〕道之真以治身，其緒餘土苴以爲天下國家：此引自莊子讓王。「土苴」，渣滓、糟粕意。比喻淺賤之物。

〔六〕室無空虚，則婦姑勃谿；心無天遊，則六鑿相攘：見莊子外物。意爲如果所住的房屋窄小，連點餘地都没有，那麼媳婦姑婆就會經常争吵；如果心性不暢達，就會六竅不順遂。

十一章

三十輻共一轂，當其無，有車之用；埏埴以爲器，當其無，有器之用；鑿户牖以爲室，當其無，有室之用。

故有之以爲利，無之以爲用。

此言世人但知有用之用，而不知無用之用也。

意謂人人皆知車轂有用，而不知用在轂中一竅；人人皆知器之有用，而不知用在器中之虚；人人皆知室之有用，而不知用在室中之空。以此爲譬，譬如天地有形也，人皆知天地有用，而不知用在虚無大道。亦似人之有形，而人皆知人有用，而不知用在虚靈無相之心。

是知「有」雖有用，而實用在「無」也。然「無」不能自用，須賴「有」以濟之，故曰「有之以爲利，無之以爲用」。「利」，猶濟也。老氏之學要即有以觀無，若即有以觀無，則雖有而不有，是謂道妙，此其宗也。

十二章

五色令人目盲，五音令人耳聾，五味令人口爽，馳騁田獵令人心發狂，難得之貨令人行妨。

是以聖人爲腹不爲目，故去彼取此。

此言物欲之害，教人離欲之行也。

意謂人心本自虛明，而外之聲色飲食貨利，亦本無可欲。人以爲可欲而貪愛之，故眼則流逸奔色，而失其正見，故盲；耳則流逸奔聲，而失其真聞，故聾；舌則流逸奔味，而失其真味，故爽；心則流逸奔境，而失其正定，故發狂；行則逐於貨利，而失其正操，故有妨。所謂利令智昏，是皆以物欲喪心，貪得而無厭者也。

聖人知物欲之爲害，雖居五欲之中，而修離欲之行，知量知足。如偃鼠飲河，不過實腹而已，不多貪求以縱耳目之觀也。諺語有之，「羅綺千箱，不過一暖，食前方丈，不過一飽」，其餘皆爲榮觀而已。

故云：「雖有榮觀，燕處超然」，「是以聖人爲腹不爲目」，去貪欲之害，而修離欲之行，「故去彼取此」。

十三章

寵辱若驚，貴大患若身。

何謂寵辱若驚？寵爲下，得之若驚，失之若驚，是謂寵辱若驚。

何謂貴大患若身？吾所以有大患者，爲吾有身，及吾無身，吾有何患？

故貴以身爲天下，則可寄於天下〔一〕；愛以身爲天下，乃可託於天下〔二〕。

此言名利之大害，教人重道忘身以袪累也。

「寵辱若驚」者，望外之榮曰寵，謂世人皆以寵爲榮，卻不知寵乃是辱，以其若驚。「驚」，心不安貌。「貴大患若身」者，崇高之位曰「貴」，即君相之位，謂世人皆以貴爲樂，卻不知貴乃大患之若身。以身喻貴，謂身爲苦本，貴爲禍根，言必不可免也。

此二句立定，向下徵而釋之曰，何謂寵是辱之若驚耶？寵爲下，謂寵乃下賤之事耳。譬如僻倖之人，君愛之以爲寵也。雖卮酒臠肉必賜之，非此不見其爲寵，及其賜也，必叩頭而噉之，將以爲寵。彼無寵者，則傲然而立。以此較之，雖寵實乃辱之甚也。豈非下耶？故曰「寵爲下」。且而未得之也，患得之，既得之也，患失之，是則競競得失於眉睫之間，其心未嘗暫自安。由此觀之，何榮之有？故曰「得之若驚，失之若驚」。此其所以寵是辱也。

「貴大患若身」者，是以身之患，喻貴之患也。然身乃衆患之本，既有此身，則飢寒病苦，死生大患，衆苦皆歸，必不可免。故曰「吾所以有大患者，爲吾有身」，無身則無患矣。故曰「及吾無身，吾有何患」？然位，乃禍之基也。既有此位，則是非交謫，冰炭攻心，衆毁齊至，内則殘生傷性以滅身，外則致寇招尤以取禍，必不可逃。故曰「吾所以有大患者，爲吾有貴」，無貴則無患矣。故曰「貴大患若身」。

筆乘引王子搜「非惡爲君也，惡爲君之患也」〔三〕，蓋言貴爲君人之患。莊子曰：「千金重利，卿相尊位也。子獨不見郊祀之犧牛乎？養食之數歲，衣以文繡，以入太廟。當是之時，雖欲爲狐豚，豈可得乎？」斯言貴爲卿相者之患。老子言苟知身爲大患不可免，則知貴爲大患，亦不可免也。然且世人不知貴爲大患，返以爲榮。愛身取貴，以致終身之累，皆非有道之所爲也。

唯有道者，不得已而臨蒞天下，不以爲己顯。雖處其位，但思道濟蒼生，不以爲己榮。此則貴爲天下貴，非一己之貴。如此之人，乃可寄之以天下之任。然有道者，處崇高之位，雖愛其身，不是貪位慕禄以自保，實所謂衛生存身以行道。是則愛身，乃爲天下愛其身，非私愛一己之身。如此之人，乃可託以天下之權。若以此爲君，則無爲而治；以此爲臣，則功大名顯，故道爲天下貴也。故曰：「貴以身爲天下，則可寄於天下。愛以身爲天下，乃可託於天下。」

校釋

〔一〕則可寄於天下：王弼本作「若可寄天下」。

〔二〕乃可託於天下：王弼本作「若可託天下」。

〔三〕筆乘引王子搜「非惡爲君也，惡爲君之患也」：筆乘，明焦竑撰解老之書。其第十三章附引：「莊子曰：越人三世弑其君，王子搜患之，逃之丹穴。越人薰之以艾，乘以王輿，王子搜援綏登車，仰天而呼曰：『君乎君乎！獨不可以捨我乎？』王子搜非惡爲君也，惡爲君之患也。」（老子翼，明焦竑撰，黄曙輝點校，華東師範大學出版社二〇一一年版，第三二頁）

十四章

視之不見，名曰夷；聽之不聞，名曰希；搏之不得，名曰微。此三者不可致詰，故混而爲一。

其上不皦，其下不昧，繩繩兮不可名，復歸於無物。是謂無狀之狀，無象之象〔一〕，是謂惚恍。迎之不見其首，隨之不見其後。執古之道，以御今之有。能知古始，是謂道紀。

此言大道體虚，超乎聲色、名相、思議之表，聖人執此以御世也。「夷」，無色也，故視之不可見；「希」，無聲也，故聽之不可聞；「微」，無相也，故搏之不可得。「搏」，取之也。此三者，雖有此名，其實不可致詰。致詰，猶言思議。由其道體混融而不可分，故爲一。

其上日月不足以增其明，故不皦。「皦」，明也。其下幽暗不能以昏其體，故不昧。「繩繩」，猶緜緜不絶之意。謂道體雖緜緜不絶，其實不可名言。畢竟至虚，雖生而不有，故復歸於無物。杳冥之内，而至精存焉，故曰「無狀之狀」。恍惚之中，而似有物焉，故曰「無象之象，是謂惚恍」。此正楞嚴所謂「罔象虚無，微細精想」耳。由其此體，前觀無始，故「迎之不見其首」；後觀無終，故「隨之不見其後」。此乃古始之道也。

上皆歷言大道之妙，下言得道之人。然聖人所以爲聖人者，蓋執此妙道以御世。故曰「執古之道，以御今之有」。吾人有能知此古始之道者，即是道統所係也。故曰「能知古始，是謂道紀」。「紀」，綱紀，謂統緒也。

校　釋

〔一〕無象之象：王弼本作「無物之象」。

十五章

古之善爲士者，微妙玄通，深不可識。夫惟不可識，故强爲之容：豫若冬涉川，猶若畏四鄰，儼若客，涣若冰將釋〔一〕，敦兮其若樸，曠兮其若谷，渾兮其若濁。孰能濁以静之徐清？孰能安以久之徐生〔二〕？保此道者不欲盈。夫惟不盈，故能敝不新成。

此言聖人體道深玄，故形神俱妙。人能静定虚心，則故有常存也。莊子謂：「嗜欲深者，天機淺。」蓋今世俗之人，以利欲熏心，故形氣穢濁麤鄙，固執而不化，不得微妙玄通。故天機淺露，極爲易見，殆非有道氣象，皆是不善爲士也。老子因謂「古之善爲士者」，不淺露易見，乃「微妙玄通，深不可識」。

夫爲不可識，最難形容，特强爲之形容耳。然形容其行動也，「豫若冬涉川，猶若畏四鄰」。「猶」「豫」，行不進貌；「冬涉川」，謂不敢遽進；「畏四鄰」，謂不敢妄動。此乃從容不迫之意。其威儀也，「儼若客」。「儼」，謂肅然可觀；「若客」，謂謙退不敢直前。其氣也，「涣若冰將釋」。莊子謂「暖然似春」，又云「冰解凍釋」，謂其氣融和，使可親愛之意。其外貌也，「敦兮其若樸」。「敦」，敦厚；「樸」，無文飾也。其中心也，「曠兮其若谷」。「曠」，空也；「谷」，虚也，外體敦厚樸素，而中心空虚寂定也。其迹也，「渾兮其若濁」。「渾」，與「混」同，謂和光同塵也。

蓋有道之士，心空無著，故行動威儀，氣象體段，胸次悠然，「微妙玄通」之若此，所謂「孔德之容，惟道是從」，故可觀而不可識。世俗之人，以功名利禄交錯於前，故形氣穢濁，而不可觀。老子因而愍之曰：孰能於此濁亂之中，恬退自養，静定持心，久久而徐清之耶？

蓋心水汨昬，以静定治之則清。所謂如澄濁水，沙土自沈，清水現前，名爲初伏客塵煩惱，不能頓了，故曰「徐清」。人皆競進於功利之間，老子謂：孰能安定自守，久久待時而後生耶？「生」，乃發動，謂應用也，即聖人迫不得已而後應之意。筆乘謂老子文法多叶韻，蓋「清」、「生」、「盈」、「成」一韻耳，若言徐動、徐應，則不叶矣。

老子嗟歎至此，乃教之以守道之方，曰「保此道者不欲盈」。「盈」，滿也；「欲盈」，乃貪得無厭，不知止足之意。謂世人但知汩汩於嗜欲，貪得不足，殊不知天道忌盛，滿則溢矣。所謂「持而盈之，不如其已」，故此教之以不欲盈也。

後乃結示知足常足之意，曰「夫惟不盈，是以能敝不新成」。「敝」，故敝，物之舊者謂之敝。凡物舊者最持久，能奈風霜磨折；而新成者，雖一時鮮明，不久便見損壞。老子謂世人多貪好盈，雖一時榮觀快意，一旦禍及，則連本有皆失之矣。惟有道者，善知止足，雖無新成之名利，而在我故有現成之物，則可常常持之而不失矣，故曰「能敝不新成」。

觀子房請留辟穀之事，可謂能敝不新成者，此余所謂子房得老之用也。

校　釋

〔一〕儼若客，渙若冰將釋：王弼本作「儼兮其若容，渙兮若冰之將釋」。

〔二〕孰能安以久之徐生：王弼本作「孰能安以久動之徐生」。

十六章

致虚極，守靜篤。

萬物並作，吾以觀其復〔一〕。

夫物芸芸，各歸其根〔二〕。歸根曰靜，靜曰復命〔三〕；復命曰常，知常曰明。

不知常，妄作凶。

知常容，容乃公，公乃王，王乃天，天乃道，道乃久，没身不殆。

此承上章要人作靜定功夫，此示功夫之方法也。

「致虚極，守靜篤」者，「致」，謂推致推窮之意；「虚」，謂外物本來不有；「靜」，謂心體本來不動。世人不知外物本來不有，而妄以爲實，故逐物牽心，其心擾擾妄動，火馳而不返；見利亡形，見得亡真，故競進而不休，所以不能保此道也。

今學道工夫，先要推窮目前萬物，本來不有，則一切聲色貨利，當體全是虚假不實之事。如此推窮，縱有亦無。一切既是虚假，則全不見有可欲之相；既不見可欲，則心自然不亂，而永絶貪求，心閒無事。如此守静，可謂篤矣。故致虚要「極」，守静要「篤」也。

老子既勉人如此做工夫，恐人不信。乃自出己意曰：我之工夫亦無他術，唯只是「萬物並作，吾以觀其復」，如此而已。「並作」，猶言並列於前也。然此目前萬物本來不有，蓋從無以生有，雖千態萬狀，並列於前，我只觀得當體全無。故曰「萬物並作，吾以觀其復」。「復」，謂心不妄動也。

向下又自解之曰「夫物芸芸，各歸其根」，意謂目前萬物雖是暫有，畢竟歸無，故云「各歸其根」。「根」，謂根本元無也。物既本無，則心亦不有，是則物我兩忘，寂然不動，故曰「歸根曰静，静曰復命」。「命」，乃當人之自性，賴而有生者。然人雖有形，而形本無形，能見無形，則不獨忘世，抑且忘身。身世兩忘，則自復矣，故云「静曰復命」。性乃真常之道也，故云「復命曰常」。人能返觀内照，知此真常妙性，纔謂之明，故云「知常曰明」。由人不知此性，故逐物忘生，貪欲無厭，以取戕生傷性、忘身敗家之禍。故曰「不知常，妄作凶」。

人若知此真常之道，則天地同根，萬物一體，此心自然包含天地萬物，故曰「知常容」；人心苟能廣大如此，則民吾同胞，物吾與也，其心廓然大公，則全不見有我之私，故曰「容乃公」；此真常大道，人若得之於内，則爲聖，施之於外，則爲王，故曰「公乃王」；王乃法天行事，合乎天心，故曰「王乃天」；天法道，合乎自然，故曰「天乃道」；與天地參，故曰「道乃久」；人得此道，則身雖死而道常存，故曰「没身不殆」。「殆」，盡也。且此真常之道，備在於我，而人不知，返乃亡身殉物，嗜欲而不返，豈不謬哉！

校釋

〔一〕吾以觀其復：王弼本無「其」字。

〔二〕各歸其根：王弼本作「各復歸其根」。

〔三〕静曰復命：王弼本作「是謂復命」。

十七章

太上，下知有之〔一〕；其次，親之譽之；其次，畏之；其次，侮之。故信不足焉，有不信。

猶兮其貴言〔二〕，功成事遂，百姓皆曰：我自然。

此言上古無知無識，故不言而信；其次有知有識，故欺僞日生。老子因見世道日衰，想復太古之治也。

「太上下知有之」者，謂上古洪荒之世，其民渾然無僞，與道爲一，全不知有；既而混沌日鑿〔三〕，與道爲二，故知有之。是時雖知有，猶未離道，故知而不親。

其世再下，民去道漸疏，始有親之之意。是時雖知道之可親，但親於道，而人欲未流，尚無是非毁譽之事。

其世再下，而人欲横流，盗賊之行日生，故有桀跖之非毁，堯舜之是譽。是時雖譽，猶且自信而不畏。

其世再下，而人欲固蔽，去道益遠，而人皆畏道之難親。故孔子十五而志於學，至七十而方從心，即顔子好學，不過三月不違仁，其餘則日月至焉。可見爲道之難，而人多畏難而苟安也。是時雖畏，猶知道之不敢輕侮。

其世再下，則人皆畔道而行，但以功名利禄爲重，全然不信有此道矣。

老子言及至此，乃歎之曰：此無他，蓋由在上者自信此道不足，故在下者不信之耳。然民既已不信矣，而在上者，就當身體力行無爲之道，以啓民信，清浄自正，杜民盗賊之心可也。不能如此，見民奸盗日作，猶且多彰法令，禁民爲非，而責之以道德仁義爲重，愈責愈不信矣，豈不謬哉！ 故曰：「猶兮其貴言。」「貴」，重也。此上乃歷言世道愈流愈下。

此下乃想復太古無爲之治，曰斯皆有爲之害也，安得太古無爲之治？不言而信，無爲而成，使其百姓日出而作，日入而息，鑿井而飲，耕田而食，人人功成事遂，而皆曰我自然耶！

蓋老氏之學，以内聖外王爲主，故其言多責爲君人者不能清静自正，啓民盜賊之心，苟能體而行之，真可復太古之治。

校釋

〔一〕太上，下知有之：此句同王弼本。其中「下」字，其他多種本爲「不」字（如永樂大典本、吴澄本、明太祖本），全句即爲「太上不知有之」。

〔二〕猶兮其貴言：王弼本「猶」作「悠」。

〔三〕混沌日鑿：取意莊子寓言。莊子應帝王：「南海之帝爲儵，北海之帝爲忽，中央之帝爲渾沌。儵與忽時相與遇於渾沌之地，渾沌待之甚善。儵與忽謀報渾沌之德，曰：『人皆有七竅，以視聽食息，此獨無有，嘗試鑿之。』日鑿一竅，七日而渾沌死。」（莊子集釋，清郭慶藩輯，中華書局一九六一年版，第三〇九頁）

十八章

大道廢，有仁義；智慧出〔一〕，有大僞；六親不和，有孝慈；國家昏亂，有忠臣。

此承上章言，世道愈流愈下，以釋「其次親之譽之」之意也。

大道無心愛物，而物物各得其所；仁義則有心愛物，即有親疏區別之分。故曰「大道廢，有仁義」。

「智慧」，謂聖人治天下之智巧，即禮樂、權衡、斗斛、法令之事。然上古不識不知，而民自樸素，及乎中古，民情日鑿，而治天下者，乃以智巧設法以治之。殊不知智巧一出，而民則因法作奸，故曰「智慧出，有大僞」。

上古雖無孝慈之名，而父子之情自足。及乎衰世之道，爲父不慈者衆，故立慈以規天下之父；爲子不孝者衆，故立孝以教天下之子。是則孝慈之名，因六親不和而後有也。

蓋忠臣以諫人主得名，上古之世，君道無爲而天下自治，臣道未嘗不忠，而亦未嘗以忠立名；及乎衰世，人君荒淫無度，雖有爲而不足以治天下，故臣有殺身諫諍，不足以盡其忠者，是則忠臣之名，因國家昏亂而有也。

此老子因見世道衰微，思復太古之治，殆非憤世勵俗之談也。

校　釋

〔一〕智慧出：王弼本作「慧智出」。

十九章

絶聖棄智，民利百倍；絶仁棄義，民復孝慈；絶巧棄智〔一〕，盜賊無有。此三者，以爲文不足，故令有所屬，見素抱樸，少思寡欲〔二〕。

此承前章而言智不可用，亦不足以治天下也。然中古聖人，將謂百姓不利，乃爲斗斛、權衡、符璽、仁義之事，將利於民，此所謂聖人之智巧矣。殊不知民情日鑿，因法作奸，就以斗斛、權衡、符璽、仁義之事，竊以爲亂。方今若求復古之治，須是一切盡去，端拱無爲，而天下自治矣。且聖智本欲利民，今既竊以爲亂，反爲民害；棄而不用，使民各安其居，樂其業，則享百倍之利矣。且仁義本爲不孝不慈者勸，今既竊之以爲亂，苟若棄之，則民有天性自然之孝慈可復矣。此即莊子所謂「虎狼，仁也」。意雖虎狼亦有天性之孝慈，不待教而後能，況其人爲物之靈乎？且智巧本爲安天下，今既竊爲盜賊之資，苟若棄之，則盜賊無有矣。

然聖智仁義智巧之事，皆非樸素，乃所以文飾天下也。今皆去之，似乎於文則不足，於樸素則有餘。因世人不知樸素渾全之道，故逐逐於外物，故多思多欲。今既去華取實，故令世人心志有所係屬於樸素之道。若人人果能見素抱樸，則自然少思寡欲矣。

若知老子此中道理，祇以莊子馬蹄、胠篋作注解〔三〕，自是超足。

校釋

〔一〕絶巧棄智：王弼本「智」作「利」。

〔二〕少思寡欲：王弼本「思」作「私」。

〔三〕莊子馬蹄、胠篋作注解：莊子馬蹄：「馬，蹄可以踐霜雪，毛可以禦風寒，齕草飲水，翹足而陸，此馬之真性也。……及至伯樂，曰：我善治馬。……而馬之死者已過半矣。」（郭慶藩莊子集釋，第三三〇頁）莊子胠篋：「將爲胠篋探囊發匱之盜而爲守備，則必攝緘縢，固扃鐍，此世俗之所謂知也。然而巨盜至，則負匱揭篋擔囊而趨，唯恐緘縢扃鐍之不固也。然則鄉

之所謂知者，不乃爲大盜積者也？」（同上書，第三四二頁）

二十章

絶學無憂。

唯之與阿，相去幾何？　善之與惡，相去何若〔一〕？　人之所畏，不可不畏。荒兮其未央哉！

衆人熙熙，如享太牢，如登春臺〔二〕。　我獨泊兮其未兆，如嬰兒之未孩，乘乘兮若無所歸〔三〕。　衆人皆有餘，而我獨若遺。　我愚人之心也哉！　沌沌兮！

俗人昭昭，我獨若昏〔四〕；　俗人察察，我獨悶悶。　澹兮其若海，飂兮似無所止〔五〕。　衆人皆有以，我獨頑且鄙〔六〕。

我獨異於人，而貴求食於母。

此承前二章，言聖智之爲害，不但不可用，且亦不可學也。

然世俗無智之人，要學智巧仁義之事，既學於己，將行其志，則勞神焦思，汲汲功利，盡力於智巧之間。　故曰：「巧者勞，而智者憂，無知者又何所求？」是則有學則有憂，絶學則無憂矣。

然聖人雖絶學，非是無智，但智包天地而不用，順物忘懷，澹然無欲，故無憂。世人無智而好用，逐物忘道，汩汩於欲，故多憂耳。斯則憂與無憂，端在用智不用智之間而已，相去不遠。譬夫「唯」之與「阿」，皆應人之聲也，相去能幾何哉？以「唯」敬而「阿」慢，「憂」與「無憂」，皆應物之心也，而聖凡相隔，善惡相反，果何如哉？此所謂「差之毫釐，失之千里」也。

老子言及至此，恐世俗將謂絶學，便是瞢然無知，故曉之曰：然雖聖人絶學，不是瞢然無知，其實未嘗不學也。但世俗以增長知見，日益智巧，馳騁物欲以爲學，聖人以泯絶知見，忘情去智，遠物離欲以爲學耳。

且夫聲色貨利，皆傷生害道之物，世人應當可畏者，我則不可不畏懼而遠之。故曰「人之所畏，不可不畏」。苟不知畏，汩没於此，荒淫無度，其害非細，故曰「荒兮其未央哉」！「央」，盡也。由是觀之，世人以增益知見爲學，聖人以損情絶欲爲學，所謂「爲學日益，爲道日損，損之又損，以至於無爲」耳。衆人忘道逐物，故汩汩於物欲之間，酷嗜無厭，熙熙然如享太牢之味，以爲至美；方且榮觀不休，如登春臺之望，以爲至樂。

老子謂：我獨離物向道，泊於物欲未萌之前，不識不知，超然無欲。故曰：「我獨泊兮其未兆，若嬰兒之未孩。」「兆」，念之初萌也；「嬰兒」，乃無心識愛惡之譬；「孩」，猶骸骨之骸，未骸，所謂骨弱筋柔，乃至柔之譬。衆人見物可欲，故其心執著而不捨。老子謂：我心無欲，了無繫累。泛然應物，虛心遊世，若不繫之舟，故曰「乘乘兮，若無所歸」。「乘乘」，猶泛泛也。衆人智巧多方，貪得無厭，故曰「有餘」；我獨忘形去智，故曰「若遺」。「遺」，猶忘失也。

然我無知無我，豈真愚人之心也哉？但只渾渾沌沌，不與物辨，如此而已，故「衆人昭昭，而我獨若昏」。「昭昭」，謂智巧現於外也。「俗人察察，而我獨悶悶」，「察察」，即俗謂分星擘兩，絲毫不饒人之意。「昏昏」、「悶悶」，皆無知貌。我心如此，澹然虛明，若海之空闊不可涯量；飂然無著，若長風之御太虛。衆人皆自恃聰明知見，各有所以。「以」，猶自恃也。我獨無知無欲，頑而且鄙，亦似庸常之人而已。

然我所以獨異於人者，但貴求食於母耳。凡能生物者，謂之母，所生者，謂之子。且此「母」字，不可作「有名，萬物之母」的「母」字；此指虛無大道，能生天地萬物，是以道爲母，而物爲子。「食」，乃嗜好之意。衆人背道逐物，如棄母求食於子；聖人忘物體道，故獨求食於母，此正絶學之學。聖人如此，所以憂患不能入也。

前章「絶聖棄智」，乃無用之用；此章「絶學無憂」，乃無學之學；後章「孔德之容」一章，乃無形名之形名耳。

校釋

〔一〕相去何若：王弼本作「相去若何」。

〔二〕如登春臺：王弼本作「如春登臺」。

〔三〕乘乘兮若無所歸：王弼本「乘乘」作「儽儽」，倦怠狀。

〔四〕我獨若昏：王弼本作「我獨昏昏」。

〔五〕飂兮似無所止：王弼本作「飂兮若無止」。

〔六〕我獨頑且鄙：王弼本作「而我獨頑似鄙」。

二十一章

孔德之容，惟道是從。

道之爲物，惟恍惟惚。惚兮恍，其中有象；恍兮惚，其中有物；窈兮冥，其中有精；其精甚真，其中有信。

自古及今，其名不去，以閱衆甫。吾何以知衆甫之然哉〔一〕？以此！

此章言道乃無形名之形名也。

「孔」，猶盛也。謂道本無形，而有道之士，和氣集於中，英華發現於外，而爲盛德之容。且此德容，皆從道體所發，即是道之形容也，故曰「孔德之容，惟道是從」。

然此道體本自無形，又無一定之象可見，故曰「道之爲物，惟恍惟惚」。「恍」「惚」，謂似有若無，不可定指之意。然且無象之中，似有物象存焉，故曰：「惚兮恍，其中有象。恍兮惚，其中有物。」其體至深至幽，不可窺測。且此幽深杳冥之中，而有至精無妄之體存焉，故曰：「杳兮冥，其中有精，其精甚真。」此正楞嚴所謂唯一精真：「精色不沈，發現幽秘，此則名爲識陰區宇」〔二〕也。學者應知。然此識體雖是無形，而於六根門頭，應用不失其時，故曰「其中有信」。

此上皆無形之形，下言無名之名。謂世間衆美之名自外來者，皆是假名無實，故其名易去。惟此道體有實有名，故「自古及今，其名不去，以閱衆甫」也。「閱」，猶經歷；「甫」，美也。謂衆美皆具。是以聖人功流萬世而名不朽者，以其皆從至道體中流出故耳。其如世間王侯將相之名，皆從人欲中來，故其功亦朽，而名亦安在哉！

唯有道者，不期於功而功自大，不期於名而名不朽。是知聖人内有大道之實，外有盛德之容，衆美皆具，惟自道中而發也，故曰：「吾何以知衆甫之然哉？以此！」

校釋

〔一〕吾何以知衆甫之然哉：王弼本「然」作「狀」。

〔二〕精色不沈，發現幽秘，此則名爲識陰區宇：此引自楞嚴經卷十。大意爲能發現幽深暗藴的實相，則如曉天自見晴空，這就叫識陰的境界。

二十二章

曲則全，枉則直；窪則盈，敝則新；少則得，多則惑。是以聖人抱一，爲天下式。不自見，故明；不自是，故彰；不自伐，故有功；不自矜，故長。夫惟不争，故天下莫能與之争。古之所謂「曲則全」者，豈虚言哉！誠全而歸之。

此承前章言聖人所以道全德備，衆美皆具者，蓋由虚心體道，與物無競，故衆德交歸也。

「曲」，委曲，即「曲成萬物而不遺」之意。謂聖人委曲以御世，無一事不盡其誠，無一人不得其所。譬如陽春發育萬物，雖草芥毫芒，春氣無不充足；若纖毫不到，則春氣不全。聖人之於人，無所不至；苟不曲盡其誠，則其德不全矣。故曰「曲則全」。「枉則直」者，屈己從人曰「枉」；「直」，伸也。謂聖人道高德盛，則大有徑庭，不近人情。若不屈己從人，俯循萬物，混世同波，則人不信；人不信，則道不伸。由人屈而道伸，故曰「枉則直」。

「窪則盈」者，衆水所聚，地之最下者曰「窪」，譬如江海最爲窪下，故萬派皆歸；而聖人之心至虛至下，故衆德交歸，德無不備，故曰「窪則盈」。「敝則新」者，衣之汙損曰「敝」；不敝，則不浣濯，不見其新，以其敝乃新耳。以譬聖人忘形去智，日損其知見，遠其物欲，洗心退藏於密。欲不敝，則道不新，故曰「敝則新」。

聖人忘知絶學，專心於一，故於道有得，故曰「少則得」；世人多知多見，於道轉失，故曰「多則惑」。是以聖人因愍世人以多方喪道，故「抱一」爲天下學道之式。「式」，法也。

智巧衒耀於外曰「見」，自見者不明，故不自見乃爲明耳。執已爲必當曰「是」，自是者不彰，故不自是乃彰耳。「彰」者，盛德顯於外也。誇功曰「伐」，自伐者無功，故不自伐乃有功耳。司馬遷嘗謂：韓信「假令學道謙讓，不伐己功，不矜其能，則庶幾於漢家勳可比周、召、太公之徒矣。」意蓋出此。恃己之能曰「矜」；「長」，才能也。自矜者不長，不自矜者乃長耳。

此上四「不」字，皆不争之德也，惟聖人有之，故曰「夫惟不争，故天下莫能與之争」者。由其聖人委曲如此，故萬德交歸，衆美備具，故引古語以證之曰：「古之所謂『曲則全』者，豈虚言哉！誠全而歸之。」

二十三章

希言自然。飄風不終朝，驟雨不終日〔一〕。孰爲此者？天地！天地尚不能久，而況於人乎？

故從事於道者，道者，同於道；德者，同於德；失者，同於失。同於道者，道亦樂得之；同於德者，德亦樂得之；同於失者，失亦樂得之。

信不足，有不信。

此章言聖人忘言體道，與時俱化也。

「希」，少也；「希言」，猶寡言也。以前云「多言數窮，不如守中」，由其勉强好辨，去道轉遠，不能合乎自然。惟希言者，合乎自然耳。向下以「飄風不終朝，驟雨不終日」，以比好辨者之不能久。然好辨者，蓋出憤激不平之氣，如飄風驟雨，亦乃天地不平之氣，非不迅激於人，特無終朝之久。且天地不平之氣，尚不能久，而况於人乎？此甚言辨之不足恃也。

蓋好辨者，只爲信道不篤，不能從事於道，未得玄同故耳。惟聖人從事於道，妙契玄同，無入而不自得。故在於有道者，則同於道；在於有德者，則同於德。「失者」，指世俗無道德者。謂至於世俗庸人，亦同於俗，即所謂呼我以牛，以牛應之，呼我以馬，以馬應之，無可不可。且同於道德，固樂得之；即同於世俗，亦樂而自得。

此無他，蓋自信之真。雖不言，而世人亦未有不信者。且好辨之徒，嘵嘵多言，强聒而不休，人轉不信。此無他，以自信不足，所以人不信耳。

校　釋

〔一〕驟雨不終日：王弼本作「故驟雨不終日」。

二十四章

跂者不立〔一〕，跨者不行。自見者不明，自是者不彰，自伐者無功，自矜者不長。

其在道也，曰餘食贅行行作形。物或惡之，故有道者不處也。

此承前章言好辨者不能持久，猶如跂跨之人不能立行，甚言用智之過也。「跂」，足根不著地也；「跨」，闊步而行也。蓋跂者止知要强高出人一頭，故舉踵而立，殊不知舉踵不能久立；跨者止知要强先出人一步，故闊步而行，殊不知跨步不能長行，以其皆非自然。以此二句爲向下自見、自是、自伐、自矜之譬喻耳。「自見」，謂自逞己見；「自是」，謂偏執己是。此一曲之士，於道必暗而不明。「自伐」，謂自誇其功；「自矜」，謂自恃其能。此皆好勝强梁之人，不但無功，而且速於取死。

然此道中本無是事，故曰：其在道也，如食之餘，如形之贅，皆人之所共惡；而有道之士，以謙虚自守，必不處此。故曰「有道者不處」，以其不能合乎自然也。

校釋

〔一〕跂者不立：王弼本「跂」作「企」。

二十五章

有物混成，先天地生。寂兮寥兮，獨立而不改，周行而不殆，可以爲天下母。吾不知其名，字之曰道，强爲之名曰大。大曰逝，逝曰遠，遠曰反。故道大，天大，地大，王亦大；域中有四大，而王處一焉〔一〕。人法地，地法天，天法道，道法自然。

此承前言，世俗之士，各以己見己是爲得，曾不知大道之妙，非見聞可及，故此特示大道以曉之也。

「有物」者，此指道之全體，本來無名，故但云有一物耳；渾渾淪淪，無有絲毫縫隙，故曰「混成」；未有天地，先有此物，故曰「先天地生」；且無聲不可聞，無色不可見，故曰「寂寥」；超然於萬物之上，而體常不變，故曰「獨立而不改」；且流行四時，而終古不窮，故曰「周行而不殆」。「殆」，窮盡也。天地萬物，皆從此中生，故曰「可以爲天下母」。老子謂此物至妙至神，但不知是何物，故曰「吾不知其名」，特「字之曰道」，且又强名之曰大道耳。

向下釋其「大」字。老子謂：我説此大字，不是大小之大，乃是絶無邊表之大。往而窮之，無有盡處，故云「大曰逝」。向下又釋「逝」字。「逝」者，遠而無所至極也，故云「逝曰遠」。遠則不可聞見，無聲無色，非耳目之所到，故云「遠曰反」。「反」，謂反一絶迹。道之極處，名亦不立，此道之所以爲大也。

然此大道，能生天生地、神鬼神王，是則不獨道大，而天地亦大；不獨天地大，而王亦大，故域中所稱大者有四，而王居其一焉。世人但知王大，而不知聖人取法於天地，此則天地又大於王；世人但知天地大，而不知天地自道中生，取法於道，此則道又大於天地也。雖然，道固爲大，而猶有稱謂名字，至若離名絶字，方爲至妙，合乎自然，故曰「道法自然」。

且而大道之妙，如此廣大精微。而世人豈可以一曲之見，自見自是以爲得哉！此其所以「自見者不明，自是者不彰」耳。

校釋

〔一〕而王處一焉：王弼本作「而王居其一焉」。

二十六章

重爲輕根，静爲躁君。

是以聖人終日行，不離輜重。雖有榮觀，燕處超然。奈何萬乘之主，而以身輕天下？

輕則失根〔一〕，躁則失君。

此誡君人者，當知輕重動静，欲其保身重命之意也。然「重」字指身，「輕」字指身外之物，即功名富貴。「静」字指性命，「躁」字指嗜慾之情。意謂身爲生本，固當重者，彼功名利禄，聲色貨利，乃身外之物，固當輕者。且彼外物必因身而後有，故重爲輕之根。性爲形本，固至静者。彼馳騁狂躁，甘心物慾，出於好尚之情者，彼必由性而發，故静爲躁之君。世人不知輕重，故忘身徇物，戕生於名利之間，不達動静，故傷性失真，馳情於嗜慾之境。

惟聖人不然，雖「終日行」而「不離輜重」。「輜重」，兵車所載糧食者也。兵行而糧食在後，乃大軍之司命。雖千里遠行，深入敵國，戒其擄掠，三軍不致鼓噪以取敗者，賴其所保輜重也。聖人遊行生死畏途，不因貪位慕禄，馳情物慾，而取戕生傷性之害者，以其所保身心性命爲重也，故曰「不離輜重」。縱使貴爲天子，富有四海之榮觀，但恬澹燕處，超然物慾之表，此其堯舜有天下而不與也。

奈何後之人主，沈瞑荒淫於聲色貨利之間，戕生傷性而不悟，是以物爲重而身爲輕也，故曰「身輕天下」。「奈何」者，怪歎之詞。物重則損生，故曰「輕則失根」；慾極則傷性，故曰「躁則失君」。「君」，謂性也。

莊子養生、讓王蓋釋此篇之意。子由本云「輕則失臣」，然「臣」字蓋亦指身而言。齊物以身爲臣妾，以性爲真君，源出於此。

校　釋

〔一〕輕則失根：王弼本「根」作「本」。

二十七章

善行，無轍迹；善言，無瑕謫；善計〔一〕，不用籌策；善閉，無關鍵而不可開〔二〕；善結，無繩約而不可解。是以聖人常善救人，故無棄人；常善救物，故無棄物。是謂襲明。故善人者，不善人之師；不善人者，善人之資。不貴其師、不愛其資，雖智大迷，是謂要妙。

此言聖人善入塵勞，過化存神之妙也。「轍迹」，猶言痕迹。世人皆以人我對待，動與物競，彼此不忘，故有痕迹。聖人虚己遊世，不與物忤，任物之自然，所謂「忘於物者物亦忘之」，彼此兼忘，此行之善者，故無轍迹。「瑕讁」，謂是非辨別，指瑕讁疵之意。聖人無意必固我，因人之言然然，不然不然，可可，不可不可，未嘗堅白同異〔三〕。此言之善者，故無瑕讁。「籌策」，謂揣摩進退，算計得失利害之意。聖人無心御世，迫不得已而後應，曾無得失之心。然死生無變於己，而况利害之端乎？此計之善者，故不用籌策。「關鍵」，閉門之具，猶言機關也。世人以巧設機關，籠羅一世，將謂機密而不可破；殊不知能設之，亦有能破之者。歷觀古之機詐相尚之士，造爲勝負者，皆可破者也。唯聖人忘機待物，在宥群生。然以道爲密，不設網羅，而物無所逃。此閉之善者，所謂天下莫能破，故「無關鍵而不可開」。

「繩約」，謂繫屬之意。世人有心施恩，要以結屬人心，殊不知有可屬，亦有可解。然有心之德，使人雖感而易忘，所謂「賊莫大於德有心」。聖人大仁不仁，利澤施乎一世，而不爲己功，且無望報之心，故使人終古懷之而不忘。此結之善者，故「無繩約而不可解」。

是以聖人處世，無不可化之人，有教無類，故無棄人；無不可爲之事，物各有理，故無棄物。「物」，猶事也。如此應用，初無難者，不過承其本明〔四〕，因之以通其蔽耳，故曰「襲明」。「襲」，承也，猶因也。

莊子庖丁遊刃解牛，因其固然，動刀甚微，劃然已解，意出於此。觀留侯躡足附耳，因偶語而乞封，借四皓而定漢，以得老氏之用。故其因事處事，如此之妙，可謂善救者也，其他孰能與之！故世之「善人，不善人之師；不善人，善人之資」。由其飾智矜愚，修身明汙，故皆知師之可貴；擇類而教，樂得而育，故皆知資之可愛。

若夫聖人爲舉世師保，而不知其師之可貴；化育億兆，而不知其資之可愛。所謂「兼忘天下易，使天下忘己難」。此雖在智者，猶太迷而不知，况淺識乎！斯所過者化，所存者神，是謂要妙。

校釋

〔一〕善計：王弼本「計」作「數」。

〔二〕無關鍵而不可開：王弼本「鍵」作「楗」。

〔三〕未嘗堅白同異：意爲不作分別想。「堅白同異」，引公孫龍名辯之意。

〔四〕承其本明：意爲體現道體之用。「本明」，禪宗所謂「本覺」、「本圓」、「本明」等，皆指真如道體。

二十八章

知其雄，守其雌，爲天下谿；爲天下谿，常德不離，復歸於嬰兒。知其白，守其黑，爲天下式；爲天下式，常德不忒，復歸於無極。知其榮，守其辱，爲天下谷；爲天下谷，常德乃足，復歸於樸。樸散則爲器，聖人用之則爲官長。故大制不割。

此承上章行道之妙，而言聖人不以知道爲難，而以守道爲要妙也。古德云：「學道，悟之爲難；既悟，守之爲難。」然行道之妙，實出於守道之要耳。蓋此中「知」字，即悟也。「知雄守雌」者，物無與敵謂之雄，柔伏處下謂之雌。「谿」，乃窊下之地，衆水所歸之處也。「嬰兒」者，柔和之至也。前云「專氣致柔，能如嬰兒乎」，然氣雖勝物，物有以敵之；而道超萬物，物無與敵者，故謂之雄。聖人氣與道合，心超物表，無物與敵，而能順物委蛇，與時俱化，不與物競，故曰「知其雄，守其雌」。由守其雌，故衆德交歸，如水之就下，故「爲天下谿」也。由乎處下如谿，故但受而不拒，應而不藏，流潤而不竭，故曰「常德不離」。以入物而物不知，如嬰兒終日號而嗌不嗄，和之至也，以能勝物而不傷，故曰「復歸於嬰兒」。

「知白守黑」者，「白」，謂昭然明白，智無不知之意；「黑」，昏悶無知之貌；「式」，謂法則；「忒」，差謬也。謂聖人智包天地，明並日月，而不自用其知，所謂「明白四達，能無知乎」，故曰「知其白，守其黑」。由其真知而不用其知，故無强知之過謬，故可「爲天下式」。然强知則有謬，謬則有所不知，既有所不知，則知不極矣。今知既無謬，則知無不極，故曰「復歸於無極」。

「知榮守辱」者，「榮」，乃光榮貴高；「辱」，乃汙辱賤下；「谷」，乃虚而能應者也；「樸」，謂樸素，乃木之未雕斲也。謂聖人自知道光一世，德貴人臣，而不自有其德，乃以汙辱賤下，蒙恥含垢以守之；所謂光而不耀，仁常而不居者，虚之至也，故「爲天下谷」。由其虚，故「常德乃足」，德自足於中，則不緣飾於外，故復歸於樸素也。以虚而能應物，故「樸散則爲器」。

聖人以此應運出世，則可以官天地、府萬物，故能「範圍天地而不過，曲成萬物而不遺」，化行於世而無棄人棄物，故曰「大制不割」。「割」，截斷也；「不割」者，不分彼此界限之意。

二十九章

將欲取天下而爲之，吾見其不得已。天下神器，不可爲也；爲者敗之，執者失之。

故物或行或隨，或呴或吹〔一〕，或强或羸，或載或隳〔二〕。

是以聖人去甚，去奢，去泰。

此言聖人道全德備，應運出世，爲官爲長，當任無爲無事，而不可有爲太過也。

由上章云「樸散則爲器，聖人用之則爲官長」，故老子因而誡之曰：將欲取天下者，當任自然，不可有心爲之；而有心爲之者，吾見其必不可得已。何也？且天下者大器，有神主之，豈可以人力私智取而奪之耶！故曰「不可爲也」；而爲之者，必反敗之。縱爲而得之，亦不可執爲己有；而執之者，必反失之。

故如强秦，力能併吞六國，混一天下，是「爲之」也，且誓云「一世以至萬世」，是「執之」也。故不旋踵而敗，二世而亡，豈非「爲者敗之，執者失之」之驗歟？然而所以敗之失之者，以其所處過甚，而奢泰之極也。

凡物極則反，此亦自然之勢耳。故物或行而在前，或復隨而在後，或呴而煖，或反吹而寒，或强而壯，或又尪羸而弱，或正載而成，或即隳頹而毁。此何以故？是皆用力過甚，而奢泰之極也。此皆聖人所不處，故曰「是以聖人去甚，去奢，去泰」。

校釋

〔一〕或呴或吹：王弼本作「或歔或吹」。

〔二〕或載或隳：王弼本作「或挫或隳」。

三十章

以道佐人主者，不以兵强天下。其事好還：師之所處，荆棘生焉；大軍之後，必有凶年。

善者果而已〔一〕，不敢以取强。果而勿矜，果而勿伐，果而勿驕，果而不得已，果而勿强。

物壯則老，是謂不道，不道早已。

此承上言聖人不爲已甚，故誡之不可以兵强天下也。凡以兵强者，過甚之事也。勢極則反，故其事好還；師之所處，必蹂踐民物，無不殘掠，故荆棘生；大軍之後，殺傷和氣，故五穀疵癘而年歲凶。此必然之勢也。然於濟弱扶傾，除暴救民，蓋有不得不用之者，惟在善用。善用者，「果而已」。「已」者，休也、止也；「果」，猶言結果。俗云「了事便休」，謂但可了事令其平服便休，不敢以此常取强焉；縱能了事，而亦不可自矜其能，亦不可自伐其功，亦不可驕恃其氣，到底若出不得已。此所謂果而不可以取强也；取强者，速敗之道。

且物壯甚則易老，况兵强乎？凡物恃其强壯而過動者，必易傷。如世人恃强而用力過者，必夭死於力；恃壯而過於酒色者，必夭死於酒色。蓋傷元氣也。元氣傷，則死之速，兵强亦然，故曰「是謂不道，不道早已」。「已」者，絶也。又「已」者，止也，言既知其爲不道，則當速止而不可再爲也，亦通。

孟子言「威天下不以兵革之利」，其有聞於此乎！

校釋

〔一〕善者果而已：王弼本作「善有果而已」。

三十一章

夫佳兵者〔一〕，不祥之器，物或惡之，故有道者不處。君子居則貴左，用兵則貴右。兵者不祥之器，非君子之器，不得已而用之。恬淡爲上，勝而不美；而美之者，是樂殺人。夫樂殺人者，不可以得志於天下矣〔二〕。

吉事尚左，凶事尚右；偏將軍居左，上將軍居右。言居上勢，則以喪禮處之，殺人衆多，以悲哀泣之〔三〕，戰勝，以喪禮處之。

此承上言「不以兵强天下」，故此甚言兵之不可尚也。「佳兵」，乃用兵之最精巧者，謂之佳兵。凡善用兵者，必甘心於殺人。兵益佳而禍益深，故爲不祥之器。歷觀古今善用兵者，不但不得其死，而多無後。此蓋殺機自絕，而造物或惡之者。以其詐變不正，好殺不仁，故有道者不處；不但有道者不處，而苟有仁心者，亦不處也。何以知其然耶？觀夫君子所居則以左爲貴，用兵則以右爲貴，然右乃凶地，由是而知兵者，乃不祥之器，非君子之器也。

萬一不得已而用之者，老子誡曰：當以「恬淡爲上」。「恬淡」者，言其心和平，不以功利爲美，而厭飽之意；既無貪功欲利之心，則雖勝而不以爲美。縱不貪功利，而若以勝爲美者，亦是甘心樂於殺人。夫樂於殺人者，必不可使其得志於天下，所謂「物或惡之」也。若使此輩得志於天下，將爲殘害而無涯量矣。

且世之吉事必尚左，凶事則尚右。凶事，謂喪事也。所以用兵則貴右，言其可哀也。故兵家以「偏將軍居左」，以「上將軍居右」者，蓋上將軍司殺之重者；言居上勢者，則當以喪禮處之也。故殺人衆多，則當以悲哀泣之，即戰勝，亦當以喪禮處之。甚言其不得已而用之，即不得已而處之也。

上二章，通言人臣不能以道佐人主，而返以兵爲强者，故切誡之。

校　釋

〔一〕夫佳兵者：此句同王弼本。馬王堆漢墓帛書老子作「夫兵者」。（馬王堆漢墓帛書（壹），國家文物局古文獻研究室編，文物出版社一九八〇年版）

〔二〕不可以得志於天下矣：王弼本作「則不可以得志於天下矣」。

〔三〕言居上勢，則以喪禮處之，殺人衆多，以悲哀泣之：王弼本作「言以喪禮處之，殺人之衆，以哀悲泣之」。

三十二章

道常無名，樸雖小，天下不敢臣〔一〕。侯王若能守〔二〕，萬物將自賓。天地相合以降甘露，民莫之令而自均。始制有名。名亦既有，夫亦將知止，知止所以不殆〔三〕。譬道之在天下，猶川谷之於江海也。

此承上章「不以兵强天下」，因言人主當守道無爲，則萬物賓而四海服，天地合而人民和，自然利濟無窮也。

「常」者，終古不變之義。凡有名者必遷變，道之所以不變者，以其無名也，故曰「道常無名」。「樸」，乃無名之譬。木之未制成器者，謂之樸，若制而成器，則有名矣。「小」，猶眇小，謂不足視也。且如合抱之材，智者所不顧；若取徑寸以爲冠，則愚者亦尊焉。是以名爲大，而以無名爲小。甚言世人貴名，概以樸爲不足視，故以道曰「樸」、曰「小」也。

然道雖樸小，而爲天地萬物之本，即愚夫愚婦，而亦知所尊，故曰天下不敢臣，但侯王不能守耳。藉使侯王若能守，則萬物自然賓服矣，奚假兵力哉！然兵者凶器，未必賓服一國；且上干和氣，必有凶年。若以道服之，不但萬物來賓，抑且和氣致祥，天地相合以降甘露。兵來未必盡和民人，若以道宥之，則民莫之令而自然均調，各遂其生。無名之樸，利濟如此，惜乎侯王不能守之善用耳。

若散樸爲器，始制則有名矣。「始」，猶方纔也。謂樸本無名，方纔制作，則有名生焉。且從無名而有名，既有名，而名又有名，將不知其所止矣。莊子所謂「從有適有，巧歷不能得」，故曰「名亦既有」，而殉名者愈流愈下，逐末忘本，不知其返矣。故老子戒之曰：夫名者，不可馳騖而不返，亦將知止而自足。苟不知止足，則危殆而不安，「知止所以不殆」也。

由是而知，道在天下，爲萬物之宗，流潤無窮，猶川谷之於江海也。然江海所以流潤於川谷，川谷無不歸宗於江海，以譬道散於萬物，萬物莫不賓服於大道，此自然之勢也。

意明侯王若能守，其效神速如此。

校　釋

〔一〕天下不敢臣：王弼本作「天下莫能臣也」。

〔二〕侯王若能守：王弼本作「侯王若能守之」。

〔三〕知止所以不殆：王弼本作「知止可以不殆」。

三十三章

知人者智，自知者明；勝人者有力，自勝者强；知足者富，强行者有志。不失其所者久，死而不亡者壽。

此因上言侯王當守道無爲，故此教以守之之要也。

「知人者」，謂能察賢愚，辨是非，司黜陟，明賞罰，指瑕摘疵，皆謂之智。但明於責人者，必昧於責己；然雖明於知人爲智，不若自知者明也。老子謂孔子曰：「聰明深察而近於死者，好議者也；博辨宏大而危其身者，好發人之惡也。去子之恭矜與智能，則近之矣。」謂是故也。莊子云：「所謂見見者，非謂見彼也，自見而已矣；所謂聞聞者，非謂聞彼也，自聞而已矣。」能自見自聞，是所謂「自知者明」也。

世之力足以勝人者，雖云有力，但强梁者必遇其敵，不若自勝者强。然欲之伐性，殆非敵國可比也，力能克而自勝之，可謂真强。如傳所云「和而不流，中立而不倚」者，所謂自强不息者也。

凡貪得無厭者，必心不足。苟不知足，雖尊爲天子，必務厚斂以殃民；雖貴爲侯王，必務强兵而富國；即縱適其欲，亦將憂而不足，故雖富不富。苟自知足，則鷦鷯、偃鼠，藜藿不糝，抑將樂而有餘，此知足者富也。强志好過於人者，未爲有志；惟强行於道德者，爲有志也。

「所」者，如「北辰居其所」之「所」，又故有之義，蓋言其性也。孟子曰：「性者，故而已矣。」世人貪欲勞形，冀立久長之業，殊不知戕生傷性，旋踵而滅亡，誰能久哉？惟抱道凝神，而復於性真者，德光終古，澤流無窮，此所謂「不失其所者久」也。

世人嗜味養生，以希壽考，殊不知厚味腐腸，氣憊速死，誰見其壽哉！惟養性復真，形化而性常存，入於不死不生，此所謂「死而不亡者壽」也。

老子意謂道大無垠，人欲守之，莫知其向往。苟能知斯數者，去彼取此，可以入道矣。侯王知此，果能自知自勝，知足强行，適足以全性復真，將與天地終窮，不止賓萬物，調人民而已。又豈肯以蝸角相争，以至戕生傷性者哉！

三十四章

大道氾兮，其可左右。萬物恃之以生而不辭，功成不名有。愛養萬物而不爲主〔一〕，常無欲，可名於小；萬物歸焉而不爲主，可名爲大。是以聖人終不爲大〔二〕，故能成其大。

此言道大無方，聖人心與道合，故功大無外，以實前侯王能守之效也。「氾」者，虚而無著之意。以道大無方，體虚而無繫著，故其應用無所不至，故曰「其可左右」；以體虚無物，故生物而不辭；以本無我，但任物自生，故生物功成而不名己有；以與物同體，故雖「愛養萬物而不爲主」。其體所以真常者，以其至淡無味，無可欲也。由無可欲，故不足視，似可名於小；若夫「萬物歸焉而不爲主」，則「可名爲大」矣。然小大因物以名之，道豈然耶？是以聖人忘形釋智，圖於至細，志與道合，「終不爲大，故能成其大」。若夫侯王專務於大，豈能成其大哉？言外之教，亦深切矣。

校　釋

〔一〕愛養萬物而不爲主：王弼本「愛」作「衣」。

〔二〕是以聖人終不爲大：王弼本作「以其終不自爲大」。

三十五章

執大象，天下往；往而不害，安平泰〔一〕。樂與餌，過客止。道之出口，淡乎其無味，視之不足見，聽之不足聞，用之不可既〔二〕。

此明前章未盡之意也。

無象，謂之「大象」。大象無形，而能入衆形，有形者無不歸。聖人執無我以御天下，故天下莫不往；以其與物同體也，萬物恃之以生，故無往而不利，故云「往而不害」。然忘於物者，物亦忘之，故物各得其所而無不安；物物相忘而無競，故無不平；暖然如春，故無不泰。此所謂萬物賓，而天地合，人民和，故聖人終不爲大，而能成其大也。

前云：道之所以常者，以其淡然無味，無可欲也。若夫樂之於耳，餌之於口，皆有味而可欲者。若張之於途，雖過客亦止之；然雖暫止，而不能久留，以其用之有盡，蓋不常也。若夫「道之出口」，則「淡乎無味」，不若餌之可欲；「視之不足見，聽之不足聞」，不若樂之可欲。此可名於小。然而其體真常，故「用之不可既」。「既」，盡也。故可名爲大。

此「大象」之譬，以譬人君苟能執大象以御天下，恬淡無爲，雖無聲色以悦天下之耳目，無貨利以悦天下之心志，而天下歸往樂推而不厭。此所謂「萬物歸焉而不爲主，可名爲大」也。如此用之，豈有盡耶？

校釋

〔一〕安平泰：王弼本「泰」作「太」。

〔二〕用之不可既：王弼本「可」作「足」。

三十六章

將欲翕之〔一〕，必固張之；將欲弱之，必固强之；將欲廢之，必固興之；將

欲奪之，必固與之。是謂微明，柔弱勝剛强。魚不可脱於淵，國之利器不可以示人。

此言物勢之自然，而人不能察，教人當以柔弱自處也。天下之物，勢極則反。譬夫日之將昃，必盛赫；月之將缺，必極盈；燈之將滅，必熾明，斯皆物勢之自然也。故固張者，翕之象也；固强者，弱之萌也；固興者，廢之機也；固與者，奪之兆也。天時人事，物理自然。第人所遇而不測識，故曰微明。斯蓋柔弱勝剛强之義耳。

譬夫淵爲魚之利處，但可潛形而不可脱，脱則塊然無能爲；柔弱爲國之利器，人主但可恭默自處，不可揭示於人，示人則致敵而招侮，將返見其不利也。夫是之謂微明。

世之觀此章，皆謂老子用機智，大非本指。蓋老子所以觀天之道，執天之行是已，殆非機智之端也。

校　釋

〔一〕將欲翕之：王弼本「翕」作「歙」。

三十七章

道常無爲，而無不爲。侯王若能守〔一〕，萬物將自化。化而欲作，吾將鎮之以無名之樸。無名之樸，亦將不欲〔二〕。不欲以静，天下將自正〔三〕。

此教人君乘流救弊之意也。

以其道常「無爲而無不爲」，故侯王但能守之者，而萬物不期化而自化矣。此言守道之效，神速如此。然理極則弊生，且而物之始化也皆無欲，化久而信衰情鑿，其流必至於欲心復作。當其欲作，是在人君善救其弊者，必「將鎮之以無名之樸」，而後物欲之源可塞也。若施之以有名，則不濟耳。

然「無名之樸」，雖能窒欲，若執此而不化，又將爲動源矣。譬夫以藥治病，病去而藥不忘，則執藥成病，故云「無名之樸，亦將不欲」。此亦不欲，則可專以静而制群動，無敢作者，故云「天下將自正」。「自正」者，謂不待正而自正矣。「鎮」，猶壓也，如石壓草，非不生也，蓋以無名之樸鎮壓之而已。若欲樸之心，亦是欲機未絶，是須以静制之，其機自息。機息則心定，而天下自正矣。

故雖「無名之樸」，可用而不可執，況有名乎？

校釋

〔一〕侯王若能守：王弼本作「侯王若能守之」。

〔二〕亦將不欲：王弼本作「夫亦將無欲」。

〔三〕天下將自正：王弼本「正」作「定」。

老子道德經解下篇

明建鄴憨山道者釋德清著

三十八章

上德不德，是以有德；下德不失德，是以無德。上德無爲，而無以爲；下德爲之，而有以爲。上仁爲之，而無以爲；上義爲之，而有以爲；上禮爲之而莫之應，則攘臂而仍之〔一〕。故失道而後德，失德而後仁，失仁而後義，失義而後禮。夫禮者忠信之薄，而亂之首也。前識者，道之華而愚之始。是以大丈夫處其厚，不居其薄；處其實，不居其華。故去彼取此。

此言世降道衰，失真愈遠，教人當返其本也。所言道，乃萬物之本；德，乃成物之功。道爲體而德爲用。故道尊無名，德重無爲。故道言有無，而德言上下。此道德之辨也。

上德者，謂上古聖人，與道冥一，與物同體。雖使物各遂生，而不自有其德，以無心於德，故德被群生，終古不忘，故云「上德不德，是以有德」。下德者，謂中古以下，不知有道，但知有德，故德出於有心，自不能忘，且有責報之心，物難感而易忘，故云「下德不失德，是以無德」。「失」，忘也；「以」，恃也。然上德所以有德者，以德出無爲，功成事遂，而無恃爲之心，故云「無以爲」；下德所以無德者，以德出有心，而又矜功恃爲，故云「有以爲」。由是觀之，道無真僞，而德則有真有僞矣。此世數淳薄之辨也。

德又下衰，上德不稱，而下德爲尊，於是始有仁義之名。然仁義皆出於下德，故皆不免有心爲之。但上仁雖爲，而無恃爲之心，故云「無以爲」。上義則恃之矣，故云「有以爲」。且仁義上者爲真，三王是已；下則爲假，五霸是已，故不足言。

此又下衰，仁義之下，則禮爲上矣。禮則但以虚名相尚，不復知有仁義，故上禮爲之，有莫之應者。如孔子作春秋，雖正名分，而卒莫能正，此莫之應也；不唯不應，且將臂攘而仍之。此五霸之餘，戰國之習也。且彼既不知仁義，則必相因而報復之矣。

「仍」，相因之意，又復也。此所以爲「忠信之薄，而亂之首也」。故其德下衰，至此已極，聖人亦無可爲天下之具矣。「故失道而後德，失德而後仁，失仁而後義，失義而後禮」，故禮乃「忠信之薄」，爲「亂之首」也。所以愈流愈下者，乃用智之過也。

「前識」，猶言「蚤智」，謂明見利害於未然者。然蚤智在孔子，則爲周身之防，所謂「明哲保身」之意。其次則如范蠡、樂毅之儔，以爲避名全節之計；又其次則爲儀、秦縱横遊説之流矣。然在聖人，則謂之權，在樂、范，則謂之好高而務名。名者實之賓，故謂「道之華」，在儀、秦用之，則爲「愚之始」也。此所謂才智，君子用之則成名，小人用之則殺身，豈非「愚之始」耶？故太上以道德爲尊，而仁義次之，故大丈夫處厚而不處薄，務實而不務華，「故去彼取此」。

校釋

〔一〕則攘臂而仍之：王弼本「仍」作「扔」。

三十九章

昔之得一者，天得一以清，地得一以寧，神得一以靈，谷得一以盈，萬物得一以生，侯王得一以爲天下正〔一〕。其致之，一也。天無以清，將恐裂，地無以寧，將恐發，神無以靈，將恐歇，谷無以盈，將恐竭，萬物無以生，將恐滅，侯王無以正，而貴高將恐蹶〔二〕。故貴以賤爲本，高以下爲基。是以侯王自謂孤、寡、不穀。此其以賤爲本耶〔三〕？非乎？故致數車無車〔四〕，不欲琭琭如玉，落落如石〔五〕。

此言道無爲而無不爲，以明無用之用爲大用。欲君人者，當以無爲而治也。

「一」者，道之體也。其體至虚而無爲，精一無二。凡諸有爲，莫不以之爲本。「以」，用也。意謂天地萬物，皆以道體而爲本也。故天得之而清覆於上，地得之而寧載於下。「神」，指人心而言，謂人得之而爲萬物之靈。「谷」，即海也。海得之而容納百川，故長盈。萬物得之而各遂其生，侯王得之而爲天下正。「正」，猶長，所謂君長也。如此者，雖其迹不同，而推其本則一，故曰「其致之一也」。

其下又返釋之曰：天不得此，將恐分裂而不能圓覆於上矣；地不得此，將恐發動而不能寧載於下矣；人不得此，將恐生機休歇，而不能子孫孫子亹亹而無窮矣；萬物若不得此，將恐絶滅而無有矣；侯王若不得此，將恐顛蹶而不能安其貴高之位矣。此老子主意，只重在「侯王無以正，而貴高將恐蹶」這一句，必欲人君當體道無爲而治耳。

凡人聽其所用而從於人者，謂之下賤，此道之譬也。夫道本無名，故天地萬物皆得而用之，如人之下賤也。且侯王不得此道，而處貴高之位，將恐蹶，豈不以是而爲基本耶？故云「貴以賤爲本，高以下爲基」。且侯王自謂曰「孤」、「寡」、「不穀」，此三名者，皆賤者之稱也，而侯王以之，其意豈不是以賤爲本耶？非乎？所以稱此者，正欲人君忘其貴高之名，而體道凝神，知其無用爲用耳。

且而侯王所以貴高者，以百官執事總之而爲君，若指其所用，而各有所事，至若人君，則無所用其事矣。所謂臣道有爲，而君道無爲也。若夫輪、輻、衡、軛，會之而爲車，故數其車，則件件可數，其車則無可數矣〔六〕。以無可數，故得車之用。是故侯王以無爲之道，而後方大有爲也。

然道之在物，本無貴賤高下之分，故侯王當體道忘懷，不可執貴高之名，而取顛蹶之患。故誡之曰「不欲琭琭如玉，落落如石」，謂不可視己琭琭如玉之貴，視物落落如石之賤也。苟忘貴賤之分，則人人皆爲我用矣，豈非無用之爲大用耶！

校　釋

〔一〕侯王得一以爲天下正：王弼本「正」作「貞」。

〔二〕侯王無以正，而貴高將恐蹶：王弼本作「侯王無以貴高將恐蹶」。

〔三〕此其以賤爲本耶：王弼本「其」作「非」。

〔四〕故致數車無車：王弼本兩「車」均作「輿」。

〔五〕落落如石：王弼本「落落」作「珞珞」。

〔六〕故數其車，則件件可數，其車則無可數矣：意爲如就其每輛車而言，其配件是很清楚的，如就其車群而言，就數不清楚了。

四十章

反者，道之動；弱者，道之用。

天下之物生於有〔一〕，有生於無。

此承上章，以明道爲天地萬物之本也。

反者，道之體也。謂道體虛無至静，爲群動之主。世人祇知動之爲動，不知動處即静。易云：「天下之動，貞夫一者也。」〔二〕以其群動之動，皆自虛無至静而發，不動而動，故云「反者道之動」也。

然道體至虛，柔弱無用，而爲天下有用之本。世人衹知有用之用，不知無用之用爲大用也，故云「弱者道之用」。

是故世人衹知天下之物生於有，而不知有生於無也。苟知有生於無，則自然不事於物，而能體道凝神矣。豈易得哉！

校釋

〔一〕天下之物生於有：王弼本「之」作「萬」。

〔二〕天下之動，貞夫一者也：語出周易繫辭下。意爲天下萬物的動静，正體現萬物都在專一守正道。「貞夫一」，有解爲「正於一」，意爲專一守正。

四十一章

上士聞道，勤而行之；中士聞道，若存若亡；下士聞道，大笑之，不笑不足以爲道。

故建言有之：明道若昧，進道若退，夷道若類〔一〕。上德若谷，大白若辱，廣德若不足，建德若偷，質貞若渝〔二〕。大方無隅，大器晚成，大音希聲，大象無形。

道隱無名，夫惟道，善貸且成。

此言道出常情，而非下愚小智之所能知，必欲上根利智可能入也。謂上根之人，志與道合，一有所聞，便身體而力行之。如顏子聞者未嘗不知，知之未嘗不行，故曰「上士聞道，勤而行之」。若夫中人之資，則且信且疑，或日月至焉，故曰「若存若亡」。至若下根之士，即有所聞，了不相蒙，而且以爲怪，故「大笑之」矣。以道出常情，非愚所測，此輩「不笑不足以爲道」。以其道與常情，每相反而已矣。

何以知之？故古之建言者有云：「明道若昧。」此下十二句，皆古之立言者之辭，老子引之以明相反之意。謂小人用智，恃知以爲能，聖人光而不耀，以有智而不用，故「明道若昧」；小人矜誇競躁，聖人以謙自守，以卑自牧，故「進道若退」；世人崖嶷自高，聖人心與道合，同塵混俗，和而不同，故「夷道若纇」。

世人局量扁淺，一毫不容，聖人心包天地，德無不容，如海納百川，故「上德若谷」。小人内藏瑕疵，而外矯飾以爲潔，聖人純素貞白，一塵不染，而能納汙含垢，示同庸人，故「大白若辱」。小人一德不忘，必恃自多而責報於人，聖人德被群生，而不以爲功，故

「廣德若不足」。小人一善之長，必衒弄自售，欲求知於人，聖人潛行密用，凡有所施於人者，惟恐人之知己也。如泰伯三讓，民無德而稱〔三〕，故「建德若偷」。小人隨時上下，見利而趨，望勢而變，聖人之心，貞介如玉，而不可奪，而能與世浮沈，變化無窮，無可不可，故「質貞如渝」。「渝」，變也。世人圭角自立，一定而不化，聖人心如太虛，無適不可，故「大方無隅」。「隅」，猶定向也。世人小智自用，以圖速效，聖人深畜厚養，藏器於身，待時而動，迫不得已而後應，乘運而出，必爲天下之利具，故「大器晚成」。

所以然者，譬夫大音之希聲，大象之無形，殊非常情之所易見易聞，宜乎下士聞而「大笑之」也。以其世之所尚者名也，然道隱於無名，又豈常情所易知耶？所以聖人之廣大難測者，以其有大道也。夫惟道也，萬物皆往資焉而不匱，曲成萬物而不遺，故曰「善貸且成」。聖人如此，所以世人皆以大似不肖，而輕笑之，然「不笑不足以爲道」也。

校釋

〔一〕夷道若類：王弼本「類」作「纇」。

〔二〕質貞若渝：王弼本「貞」作「真」。

〔三〕泰伯三讓，民無德而稱：論語泰伯：「子曰：『泰伯其可謂至德也已矣，三以天下讓，民無得而稱焉。』」朱熹論語集注：「泰伯，周大王之長子。……三讓，謂固遜也。無得而稱，其遜隱微，無迹可見也。」（四書章句集注，宋朱熹撰，中華書局一九八三年版，第一〇二頁）

四十二章

道生一，一生二，二生三，三生萬物。萬物負陰而抱陽，沖氣以爲和。人之所惡，唯孤、寡、不穀，而王公以爲稱〔一〕。故物，或損之而益，或益之而損。

人之所教，我亦教之：强梁者，不得其死。吾將以爲教父。

此承前言道體沖虚，而爲天地萬物之本，誡人當以道爲懷，以謙自處也。謂道本無名，强名之「一」，故曰「道生一」。然天地人物，皆從此生，故曰「一生二，二生三，三生萬物」，是則萬物莫不負陰而抱陽也。所以得遂其生，不致夭折者，以物各含一沖虚之體也。和氣積中，英華昭著，秀實生成，皆道力也，故云「沖氣以爲和」，是則物物皆以沖虚爲本也。

且沖虚柔弱，與物不類，似乎無用，人皆惡之而不取，殊不知無用之用爲大用也。即如世人之所惡者，唯「孤」、「寡」、「不穀」，以爲不美，而王公返以此爲稱者，豈不以柔弱爲天下之利器耶？且「孤」、「寡」、「不穀」，皆自損之辭也，然而侯王不自損，則天下不歸，故堯舜有天下而不與，至今稱之，澤流無窮，此自損而人益之，故曰「或損之而益」。若夫桀紂以天下奉一己，暴戾恣睢，但知有己，而不知有人，故雖有天下，而天下叛之，此自益者而人損之，故曰「或益之而損」。

以人人皆具此道，但日用不知，須待教而後能。且人之所教者，我亦未嘗不教之也，惟人不善教人，祇知增益知見，使之矯矜恃氣，好爲强梁，殊不知「强梁者，不得其死」。我唯教人以日損其欲，謙虚自守，以全沖和之德，是故吾將以爲教父，而風天下以謙虚之德也。教父，猶木鐸意。

校釋

〔一〕人之所惡……而王公以爲稱：高亨等認爲，此段或爲第三十九章内容誤植，可對看。

四十三章

天下至柔，馳騁天下之至堅。無有入無間，吾是以知無爲之有益。不言之教，無爲之益，天下希及之。

此承上，言無爲之益，以明不言之教也。然天下之至堅，非至柔不足以馳騁之，如水之穿山透地，浸潤金石是已。若以有入有，即相觸而有間，若以空入有，則細無不入。如虛空徧入一切有形，即纖塵芒芴，無所不入，以其虛也。若知虛無之有用，足知「無爲之有益」矣。

前云人不善教人者，以其有言也。有言則有迹，有迹則恃智，恃智則自多，自多者則矜能而好爲，凡好爲者必易敗。此蓋有言之教，有爲之無益也。如此則知「不言之教，無爲之益，天下希及之」矣。

四十四章

名與身孰親？身與貨孰多？得與亡孰病？

甚愛必大費〔一〕**，多藏必厚亡；知足不辱，知止不殆，可以長久。**

此言名利損生，誡人當知止足也。

謂世人衹知名之可貪，故忘身以殉名，殊不知名乃身外之虛聲耳。與身較之，身親而名疏，故曰「孰親」。「貨」，利也。謂世人衹知利之可貪，故忘身以殉利，殊不知利乃身之長物耳，與身較之，身在則有餘，故曰「孰多」。世人不察，每役役於名利之間，貪得而無厭，戕生而傷性。與夫貪得而身亡，不若身存而遠害，故曰「得與亡孰病」。

故凡愛之甚者，費必大；藏之多者，亡必厚。如以隋侯之珠，彈千仞之雀，雀未得而珠已失，此愛之甚，而不知所費者大矣。如斂天下之財，以縱鹿臺之欲，天下叛而臺已空，此藏之多，而不知所亡者厚矣。不唯愛者費而藏者亡，抑且身死名滅，國危而不安，斯皆不知止足之過也。故「知足則不辱，知止則不殆」，即斯「可以長久」矣。

噫！老氏此言，可謂破千古之重昏，啓膏肓之妙藥，昭然如揭日月於中天也。而人不察乎此，惜哉！

校　釋

〔一〕甚愛必大費：王弼本作「是故甚愛必大費」。

四十五章

大成若缺，其用不敝；大盈若沖，其用不窮。

大直若屈，大巧若拙，大辨若訥。

躁勝寒，静勝熱，清浄爲天下正。

此言聖人法天制用，與道爲一，故能勝物而物不能勝。以申明前章「不言之教，無爲之益」也。

「大成若缺，其用不敝」者，若天地生物，曲成萬物而不遺，可謂成之大矣。然必春生而夏方長之，秋殺而冬方成之。以此觀之，似若有所缺。苟不如此，若一徑生長而無秋冬之肅殺，不但物不能成，而造物者亦將用之而敝矣。由其若缺，故所成者大，而其用不敝也。「大盈若沖，其用不窮」者，若陽和之氣，充塞天地，無處不至，無物不足，可謂盈矣。其體沖虛而不可見，若塊然可見，亦將用之有盡矣。由其若沖，故既已與人已愈有，既已爲人已愈多，故「其用不窮」也。

「大直若屈」者，若一氣浩然，至大至剛，可謂直矣。然潛伏隱微，委曲周匝，細入無間，故「若屈」；由若屈，故能伸其生意也。

「大巧若拙」者，若天之生物，刻雕衆形而不見其巧，故云「若拙」；若恃其巧者，巧於此而拙於彼，則巧非大矣。

「大辨若訥」者，上云「若缺」，則天地無全功，故人猶有所憾。然「天何言哉，四時行焉，百物生焉」，是則生物之功，不辨而自白矣，故曰「若訥」。

是以天地不言而萬物成，聖人不言而教化行。以聖人法天制用，故以不言之教，無爲之化，似乎不勝，而物卒莫能勝之也。且躁能勝寒而不能勝熱，靜能勝熱而不能勝寒，斯皆有所勝，則有所不勝。是故聖人貴乎清浄爲天下正，此其不言之教，無爲之益，天下希及之矣。

四十六章

天下有道，卻走馬以糞；天下無道，戎馬生於郊。罪莫大於可欲〔一〕，禍莫大於不知足，咎莫大於欲得。故知足之足，常足。

此承上清浄無爲之益，甚言多欲有爲之害，以誡人君當以知足自守也。

謂上古之世，有道之君，清浄無欲，無爲而化，故民安其生，樂其業，棄卻走馬而糞田疇，所以家給人足，而無不足者。及世衰道微，聖人不作，諸侯暴亂，各務富國强兵，嗜欲無厭，争利不已，互相殺伐，故「戎馬生於郊」，以致民不聊生，奸欺並作。此無他，是皆貪欲務得，不知止足之過也。

故天下罪之大者，莫大於可欲。以其戕生傷性，敗亂彝倫，以至君臣父子，皆失其分者，皆見可欲之罪也。以致敗國亡家，覆宗滅族之禍者，皆不知止足所致也。由不知足，故凡見他人之所有，而必欲得之。然欲得之心，爲衆罪大禍之本，故咎之大者，莫大於欲得。欲得者，心不足也。

古人云：「若厭於心，何日而足？」以貪得不止，終無足時。惟「知足之足」，無不足矣，故「常足」。

校　釋

〔一〕罪莫大於可欲：王弼本無此句。

四十七章

不出户，知天下；不窺牖〔一〕，見天道。其出彌遠，其知彌少。是以聖人不行而知，不見而名，不爲而成。

此承上言聖人所以無爲而成者，以其自足於己也。

謂聖人性真自足，則智周萬物，無幽不鑒。故天下雖大，可不出户而知；天道雖微，可不窺牖而見。以其私欲浄盡，而無一毫障蔽故也。

若夫人者，沈瞑利欲，向外馳求，以利令智昏，故去性日遠，情塵日厚，塵厚而心益暗，故「其出彌遠，其知彌少」。

是以聖人淡然無欲，不事於物，故「寂然不動，感而遂通天下之故」，故曰「不行而知」。如此，則尸居而龍見，淵默而雷聲，故曰「不見而名」。道備於己，德被群生，可不言而化，故曰「不爲而成」。是皆自足於性也。

校釋

〔一〕不窺牖：王弼本「窺」作「闚」。

四十八章

爲學日益，爲道日損。損之又損，以至於無爲，無爲而無不爲。故取天下常以無事〔一〕，及其有事，不足以取天下。

此承上言無爲之德，由日損之功而至也。

「爲學」者，增長知見，故「日益」；「爲道」者，克去情欲，隳形泯智，故「日損」。初以智去情，可謂損矣，情忘則智亦泯，故又損。如此則心境兩忘，私欲浄盡，可至於無爲。所謂「我無爲而民自化」，民果化，則無不可爲之事矣。此由無爲而後可以大有爲，故「無不爲」。

是故取天下者，貴乎常以無事也。無事，則無欲；我無欲，而民自正；民自正，而天下之心得；天下之心得，則治國如視諸掌。此所以無事足以取天下也。

若夫有事則有欲，有欲則民擾，民擾則人心失。人心既失，則衆叛親離，此所以「有事，不足以取天下」也。「無爲之益，天下希及之」者，此耳。舊注「取」字訓爲攝化之意；應如春秋「取國」之「取」，言得之易也。

校　釋

〔一〕故取天下常以無事：王弼本無「故」字。

四十九章

聖人無常心，以百姓心爲心。

善者吾善之，不善者吾亦善之，德善矣；信者吾信之，不信者吾亦信之，德信矣。

聖人之在天下，惵惵爲天下渾其心〔一〕。百姓皆注其耳目〔二〕，聖人皆孩之。

此言聖人不言之教，無心成化，故無不可教之人也。

「常」者，一定不移之意。謂聖人之心，至虚無我，以至誠待物，曾無一定之心，但無百姓之心爲心耳。

以聖人復乎性善，而見人性皆善，故善者固已善之，即不善者亦以善遇之。彼雖不善，因我以善遇之，彼將因我之德所感，亦化之而爲善矣，故曰「德善」；以聖人至誠待物，而見人性皆誠，故信者固已信之，即不信者亦以信待之，彼雖不信，因我以信遇之，彼將因我之德所感，亦化之而爲信矣，故曰「德信」。

以天下人心不古，日趨於澆薄，聖人處其厚而不處其薄，汲汲爲天下渾厚其心。「慄慄」，猶汲汲也。「百姓皆注其耳目」者，謂注目而視，傾耳而聽，司其是非之昭昭。聖人示之以不識不知，無是無非，渾然不見有善惡之迹，一皆以淳厚之德而遇之，若嬰孩而已，故曰「皆孩之」。若以嬰孩待天下之人，則無一人可責其過者。

聖人之心如此，所以不言而信，無爲而化，則天下無不可教之人矣。

校釋

〔一〕慄慄爲天下渾其心：王弼本「慄慄」作「歙歙」。

〔二〕百姓皆注其耳目：王弼本無此句。

五十章

出生入死。生之徒，十有三；死之徒，十有三；人之生，動之死地者〔一〕，亦十有三。夫何故？以其生生之厚。

蓋聞善攝生者，陸行不遇兕虎，入軍不避甲兵。兕無所投其角，虎無所措其爪，兵無所容其刃。夫何故？以其無死地。

此言聖人所以超乎生死之外者，以其澹然無欲，忘形之至，善得無生之理也。

「出生入死」者，謂死出於生也。言世人不達生本無生之理，故但養形以貪生，盡爲貪生以取死。是所以入於死者，皆出於生也，大約十分而居其九。而不屬生死者，唯有一焉，而人莫之知也。「生之徒」者，養形壽考者也；「死之徒」者，汩欲忘形，火馳而不返者也；「動之死地」者，嗜欲戕生，無所避忌者也。舉世之人，盡此三種，而皆不免入於死者，以其出於貪生也。何所以故？以其生生之厚耳！

是皆但知養生，而不知養生之主。苟不知養生之主，皆爲不善養生者也。「攝」，養也。蓋聞善養生者，不養其生，而養其生之主。然有其生者，形也；主其生者，性也。性爲生主，性得所養，而復其真，則形骸自忘；形忘則我自空，我空則無物與敵。故「陸行不遇兕虎，入軍不避甲兵」。色欲伐性，甚於兕虎甲兵也。以無我故，縱遇之而亦無可傷。故兕無所投其角，虎無所措其爪，兵亦無所容其刃矣。夫何故？以其無死地焉。

是知我者生之寄，生者死之地也。無我無生，又何死之有？孔子曰：「未知生，焉知死？」是知生本無生，則知死亦不死，此所以貴「朝聞道而夕死可矣」。非超乎生死之外者，不易致此。

校釋

〔一〕動之死地者：王弼本無「者」字。

五十一章

道生之，德畜之，物形之，勢成之。是以萬物莫不尊道而貴德。道之尊，德之貴，夫莫之命而常自然。

故道生之畜之，長之育之，成之熟之，養之覆之〔一〕。生而不有，爲而不恃，

長而不宰，是謂玄德。

此言道德爲萬物之本，欲人體道虚懷，而造乎至德也。

然道爲天地根，故萬物非道不生；且道但能生之而已，然非德不畜。「畜」，長養也。如陽和之氣，含育而培養之，皆其德也。故道德無形，乃因物以形。「形」，猶見也。苟不知道德之大，但即物而觀，可知已，故曰「物形之」。

且道之生物，唯一氣流行。苟無四時寒暑之序，生殺之勢，則雖生之畜之，而亦不能成熟之也。所以成萬物者，又因其勢也。「勢」者，凌逼之意。若夫春氣逼物，故物不得不生。秋氣逼物，故物不得不成。此其皆以勢成之也。

觀其成物之功，故知其道無位而尊，無名而貴。所以如此尊貴者，乃道體之自然，又非有以命之者，故曰「莫之命而常自然」。若侯王之尊，則受命於天；卿相之貴，則受命於君。故凡禀命而得之者，亦可奪而失之也。豈常然耶？以道德乃天然尊貴，故莫之命而常自然耳。所以常然而不失者，以其體至虚，故其用至大。所以萬物賴之以生長之，既生長而又含育之，既育而又成熟之，既成熟而又愛養以覆護之，此所謂成始成終。而道德之量，何如耶？

且如此生之，生生不已，而不自有其生；如此作爲，以成熟之，而不自恃其爲；雖爲萬物之主，而不自以爲宰，所以爲「玄德」也。是故君天下者，貴乎體道虚懷，而造乎德之至也。

校釋

〔一〕故道生之畜之，長之育之，成之熟之，養之覆之：王弼本作「故道生之，德畜之，長之育之，亭之毒之，養之覆之」。

五十二章

天下有始，以爲天下母。既知其母，復知其子〔一〕；既知其子，復守其母。没身不殆。

塞其兑，閉其門，終身不勤；開其兑，濟其事，終身不救。

見小曰明，守柔曰强。用其光，復歸其明，無遺身殃，是謂襲常〔二〕。

此言體道之方，當以背物合道爲要妙也。

由萬物皆資始乎道，故曰「天下有始，以爲天下母」，所謂「道生之」也。是知道爲體，而物爲用，故道爲母，物爲子。人若但知道體虚無，而不知物從此生，是知母而不知子，則淪於斷滅；若但知物而不知道，是殉物而忘道，則失其性真。所以「既知其母」，亦復要「知其子」，所謂有體有用也。既知物從道生，則不事於物，故曰「既知其子，復守其母」，所謂用不離體也。體用兩全，動静不二，故「没身不殆」。「殆」，危也，又盡也。

下示守母之方。「兑」爲口，「門」乃眼耳，爲視聽之根。謂道本無言，言生理喪，妄機鼓動，説説而不休，去道轉遠。唯是必緘默以自守，所謂「多言數窮不如守中」，故曰「塞其兑」。然道之於物，耳得之而爲聲，目得之而爲色，若馳聲色而忘返，則逐物而背性。是必收視返聽，内照獨朗，故曰「閉其門」。如此，則終身「用之而不勤」矣。「勤」，勞也。若徒執言説以爲得，以資耳目之欲，火馳而不返，則是開兑濟事，喪心於物，則終身不可救矣。

是皆不能戒謹於隱微之間，而忽於欲機之兆，非爲明也。孔子曰：「知機其神乎！」故曰「見小曰明」。以道自勝，故曰「守柔曰强」。是故學人當用其光，復其明，則無遺身殃也。然「光」，道之用也；「明」，道之體也。用不離體，故用愈光而體愈明，此所以能無遺其殃也。「襲」，承也。且真常之道，吾固有之，但凡人不能承襲而自絶耳。苟能如此做工夫，則緜緜而不絶矣，故曰「是謂襲常」。

校釋

〔一〕既知其母，復知其子：王弼本作「既得其母，以知其子」。

〔二〕是謂襲常：王弼本作「是爲習常」。馬敘倫：「襲」、「習」通。

五十三章

使我介然有知，行於大道，唯施是畏。大道甚夷，而民好徑。朝甚除，田甚蕪，倉甚虚。服文采〔一〕，帶利劍，厭飲食，財貨有餘，是爲盜夸韓非本作「竽」。**非道哉！**

此言世衰道微，人心不古，而極歎道之難行也。「介然」，猶些小，乃微少之意，蓋謙辭也。老子意謂使我少有所知識，而欲行此大道於天下，奈何天下人心奸險可畏，而將施之於誰耶？故曰「唯施是畏」。且有施而無受者，非徒無益而又害之，所謂「生乎今之世，反古之道，災及其身」者，故可畏。何也？

以大道甚坦夷直捷，而民心邪僻，不由於大道，皆好徑矣。民好徑，則教化衰；教化衰，則奸愈甚；奸愈甚，則法益嚴，故曰「朝甚除」。「除」，謂革其弊也。且法令滋彰，賊盜多有。是以朝廷之法日甚嚴，而民因法作奸，更棄本而不顧，好爲遊食，故田日甚蕪。「田甚蕪」，則倉日甚虚；「倉甚虚」，而國危矣。風俗之壞，民心之險，一至於此。

君人者，固當躬行節儉，清浄無欲，以正人心可也。且在上之人，猶然不知止足，而虚尚浮華，極口體之欲，而「服文采，帶利劍，厭飲食」，而積貨財。且上行下效，捷如影響，故上有好之，而下必有甚焉者。是則民之爲盜，皆由上以唱之也，故曰「是爲盜竽」。「竽」，樂之首，而爲先唱者也。如此，豈道也哉！上下人心之如此，所以道之難行也。

校釋

〔一〕服文采：王弼本「采」作「綵」。

五十四章

善建者不拔，善抱者不脱，子孫祭祀不輟〔一〕。

修之於身，其德乃真；修之於家，其德乃餘；修之於鄉，其德乃長；修之於國，其德乃豐；修之於天下，其德乃普。故以身觀身，以家觀家，以鄉觀鄉，以國觀國，以天下觀天下。吾何以知天下之然哉〔二〕？以此！

此言聖人所以功德無窮，澤及子孫者，皆以真修爲本也。舉世功名之士，靡不欲建不拔之功，垂不朽之業。至皆不能悠久者，以其皆以智力而建之，則有智力過之者，亦可以拔之矣。「抱」，守也；「脱」，猶奪也，謂失脱也。以機術而守之，則有機術之尤者，亦可以奪之矣。是皆不善建，不善守者也。至若聖人復性之真，建道德於天下，天下人心感服，確乎而不可拔。故功流萬世，澤及無窮，傑然而不可奪。此皆善建善抱，所以福及子孫，故祭祀綿遠而不絶也。

是故學道之人，修之於身，故其德乃真。莊子曰：「道之真以治身，其緒餘以爲國家，其土苴以爲天下。」故曰：「修之家，其德乃餘；修之鄉，其德乃長；修之國，其德乃豐；修之天下，其德乃普。」故以性觀身，則性真而身假；若以我身而觀天下之身，則性同而形忘。以此觀家則家和，以此觀鄉則鄉睦，以此觀國則國治，以此觀天下則天下平。

所謂以性融物，則天下化；會物爲己，則天下歸，故其德乃普。是以聖人一真之外無餘事，故唯以此。

校釋

〔一〕子孫祭祀不輟：王弼本作「子孫以祭祀不輟」。

〔二〕吾何以知天下之然哉：王弼本此句無「之」字。

五十五章

含德之厚，比於赤子。毒蟲不螫〔一〕以尾毒傷物曰螫，猛獸不據以爪按物曰據，攫鳥不搏以翅擊物曰搏。骨弱筋柔而握固，未知牝牡之合而峻作〔二〕，精之至也。終日號而嗌不嗄〔三〕，和之至也。

知和曰常，知常曰明，益生曰祥，心使氣曰强。物壯則老，謂之不道，不道早已。

此承上言聖人善建善抱，而不爲外物之所摇奪者，以其所養之厚也。

然人之所以有生者，賴其神與精氣耳。此三者苟得其養如赤子，則自不被外物所傷矣。故曰：「含德之厚，比於赤子。」且毒蟲猛獸攫鳥，皆能傷人之物，至於赤子，則毒蟲雖毒而亦不螫，猛獸雖惡而亦不據，攫鳥雖梟而亦不搏，何也？以其赤子不知不識，神全而機忘也。所謂忘於物者，物亦忘之。入獸不亂群，入鳥不亂行，彼雖惡而不傷，以其無可傷之地。此言聖人神之王也。且如赤子之骨最弱，筋極柔，手無執，而屈握極固，不可擘。且又不知陰陽之合，而峻亦作者，乃精滿之至。聖人筋骨亦柔弱，而所握亦堅固者，以其精純之至也。故草木之有精液者，則柔弱而連固，精竭者，則枯槁而萎散。是知聖人如嬰兒者，以精得其養故也。然赤子終日號啼而咽嗌不嗄啞者，以其心本不動，而無哀傷怨慕之情，乃氣和之至。聖人之心和亦然。斯三者，皆得其所養之厚，故所以比赤子之德也。

且此三者，以神爲主，以精爲衛，以氣爲守。故老子教人養之之方，當先養其氣，故曰「知和曰常」。何也？蓋精隨氣轉，氣逐心生，故心妄動則氣散，氣散則精溢，所謂心著行淫，男女二根自然流液。故善養者，當先持其心，勿使妄動。心不妄動則平定，心平則氣和，氣和則精自固，而神自安，真常之性自復矣，故曰「知和曰常」。如所云「不認緣氣之心爲心，則真常之性自見」，故曰「知常曰明」，意謂知真常之性者，可稱明智矣。

苟不知真常之性，徒知形之可養，而以嗜欲口腹以益其生，殊不知生反爲其戕，性反爲其傷，故曰「益生曰祥」。「祥」，妖也，言益生反爲生之害也。心不平，則妄動而使氣，氣散則精竭，精竭則形枯，故曰「心使氣曰强」。「强」，木之枯槁也。過强曰壯，故曰「物壯則老」。草木之物過壯，則將見其枯槁而老。人之精神元氣不知所養，而作喪太過，可謂不道之甚矣；不道之甚，乃速其死也，故曰「不道早已」。「已」者，絶也。

此老氏修養功夫，源頭蓋出於此。而後之學者，不知其本，妄構多方傍門異術，失老氏之指多矣。

校　釋

〔一〕毒蟲不螫：王弼本作「蜂蠆虺蛇不螫」。

〔二〕未知牝牡之合而峻作：王弼本「峻」作「全」。

〔三〕終日號而嗌不嗄：王弼本無「嗌」字。

五十六章

知者不言，言者不知。

塞其兑，閉其門，挫其鋭，解其紛，和其光，同其塵，是謂玄同。故不可得而親，不可得而疏；不可得而利，不可得而害；不可得而貴，不可得而賤。故爲天下貴。

此言聖人所以爲天下貴者，以其善得所養，妙契忘言，而能與道玄同也。謂聖人自知之明，故善能含養於心，而不形於言，以自知之真，言有所不及也。若夫常人嘵嘵資於口談者，皆非真知者也，故曰「知者不言，言者不知」。不下言養之之方。「兑」爲口，爲説，謂聖人緘默自守，不事口舌，故曰「塞其兑」。不事耳目之玩，故曰「閉其門」。遇物渾圓，不露鋒芒，故曰「挫其鋭」。心體湛寂，釋然無慮，故曰「解其紛」。「紛」，謂紛紜雜想也。含光斂耀，順物忘懷，故曰「和其光，同其塵」。此非妙契玄微者不能也，故曰「是謂玄同」。

聖人造道之妙，大而化之至於此。其心超然塵表，故「不可得而親」；精誠動物，使人見而不能捨，故「不可得而疏」；淡然無欲，故「不可得而利」；妙出死生，故「不可得而害」；視王侯之位如隙塵，故「不可得而貴」；披褐懷玉，故「不可得而賤」。以其聖人迹寄寰中，心超物表，不在親疏、利害、貴賤之間，此其所以「爲天下貴」也。

五十七章

以正治國，以奇用兵，以無事取天下。

吾何以知其然哉？以此：天下多忌諱，而民彌貧；民多利器，國家滋昬；人多技巧〔一〕，奇物滋起；法令滋彰，盜賊多有。

故聖人云：我無爲而民自化，我好静而民自正，我無事而民自富，我無欲而民自樸。

此言治天下國家者，當以清浄無欲爲正，而不可用奇巧以誘民也。且奇巧詐術，是爲詭道，但可用之於兵，不可以治國。故曰：「以正治國，以奇用兵」。然兵者不祥之器，不得已而用之，乃好事者爲之耳，非取天下之具也，故「以無事取天下」。吾何以知無事可以取天下之然哉？「以此。」「此」，指下文有事而言。

蓋忌諱、利器、技巧、法令，皆有事也。此何以不足取天下？且「天下多忌諱，而民彌貧」。「忌」，謂禁不敢作；「諱」，謂不敢言。只如文王之囿七十里，與民共之，蒭蕘雉兔取之者無禁，即有不便於民者，言之不諱，所以民得安其生。故在上者無事，而民日富。今則殺其麋鹿者,如殺人之罪,取之者死,民有不便,言之者戮,故民不聊生,且又無所措手足。此多忌諱之事,而民彌貧也。

賢者,國之利器也。今國無道,賢者在野,是利器在民不在朝,所以「國家滋昏」。由上多欲好奇,故人心雕琢,技巧日生;技巧生,而奇物滋起;奇物起,則貪愈甚;貪愈甚,而盜賊生。故「法令滋彰」,而「盜賊多有」也。

以此天下擾擾而不安,是皆有爲妄動,有事多欲之過也。故古之聖人有言曰,「我無爲而民自化,我好靜而民自正,我無事而民自富,我無欲而民自樸」,宜矣!

校釋

〔一〕人多技巧:王弼本「技」作「伎」。

五十八章

其政悶悶,其民醇醇〔一〕;其政察察,其民缺缺。

禍兮福所倚,福兮禍所伏〔二〕。孰知其極!其無正耶?正復爲奇,善復爲妖,人之迷,其日固久。

是以聖人方而不割，廉而不劌，直而不肆，光而不耀。

此詳言上章有爲之害，而示之以無爲之方也。

「悶悶」，無知貌。所謂「民可使由之，不可使知之」之意。由百姓皆注其耳目，若示有知，即上云「法令滋彰，盜賊多有」矣。故聖人潛行密用，令其悶悶然若無所知，則民情不鑿，奸僞自然不生。故「其政悶悶，其民醇醇」。若其政令察察然分星擘兩，則民多不自安，缺缺然憂有餘矣。故云「其政察察，其民缺缺」。「缺缺」，多憂不足之意。

蓋禍福之機，端在人心之所萌。若其機善，則禍轉爲福；若其機不善，則福轉而爲禍。此禍福相倚伏也。由人機心不息，則禍福旋轉如循環之無端，人孰能知其止極耶？故孔子曰：「知機其神乎！」謂是故也。然禍福循環之如此，豈無真人而以理正之耶？

但世衰道微，人心不古，邪正不分，善惡顛倒。本示之以正，則彼反以爲奇詭；本教之以善，而彼返以爲妖怪。正所謂「未信而勞諫，則以爲厲謗」，此人心之迷固已久矣，縱有聖人之教，亦不能正之矣。莊子曰：「三人行，一人迷方，猶有解者。二人惑，則不能易。今天下皆迷，其誰能解之耶？」

是以聖人遊濁世以化民，貴在同塵和光，渾然無迹，故雖方而不傷其割；「割」，謂割截，乃鋒稜太露也。雖廉而不傷於劌；「劌」，謂刻削太甚也。雖直而不傷於肆；「肆」，謂任意無忌也。雖光而不傷於耀；「耀」，謂衒耀己見也。此聖人有所長，而能養其所長，故爲天下貴。此所以無爲而治，好静而自安，「無爲而民自化」矣。

校　釋

〔一〕其民醇醇：王弼本「醇醇」作「淳淳」。

〔二〕禍兮福所倚，福兮禍所伏：王弼本作「禍兮福之所倚，福兮禍之所伏」。

五十九章

治人事天，莫若嗇。

夫惟嗇，是謂早復，早復謂之重積德〔一〕，重積德則無不克，無不克則莫知其極，莫知其極，可以有國。有國之母，可以長久。是謂深根固蒂，長生久視之道。

此言聖人離欲復性，以爲外王内聖之道也。

「嗇」，有而不用之意。老子所言人天，莊子解之甚明，如曰「不以人害天，不以物傷性」。蓋「人」，指物欲；「天」，指性德也。言「治人事天，莫若嗇」者，然嗇，即復性工夫也。謂聖人在位，貴爲天子，富有四海，其子女、玉帛、聲色、貨利充盈於前，而聖人以道自守，視之若無，澹然無欲，雖有而不用，所謂「堯舜有天下而不與」，此以嗇治人也。聖人並包四海，智周萬物。不以私智勞慮，而傷其性真，所謂「毋搖爾精，毋勞爾形，毋使汝思慮營營」，蓋有智而不用其智，此以嗇事天也。

復性工夫，莫速於此，故曰「是謂之早復」。此「復」字，是復卦「不遠復」之意，言其速也。又如「一日克己復禮，天下歸仁」之意。莊子曰：「賊莫大於德有心。」然有心之德施於外，故輕而不厚。復性之功，天德日全，不期復而自復，所謂復見天地之心。故曰「早復，謂之重積德」，能「重積德，則無不克」矣。此「克」字，乃克敵之克，即顏子克己之克。以性德日厚，則物欲消融，而所過者化，無物與敵，則其德高明廣大，民無德而稱焉，故曰「無不克，則莫知其極」。「極」，至極，猶涯量也。

此内聖之德既全，雖無心於天下，乃可以託於天下，故曰「莫知其極，可以有國」。此内聖之道，「真以治身，其緒餘以爲天下國家」，故曰「可以有國」。此道先天地不爲老，後天地不爲終，故曰「可以長久」。古人所言「深根固蒂長生久視之道」者，如此而已。結句蓋古語，老子引證，以結其意耳。

校釋

〔一〕是謂早復，早復謂之重積德：王弼本兩「復」字均作「服」。

六十章

治大國若烹小鮮。

以道莅天下，其鬼不神；非其鬼不神，其神不傷人；非其神不傷人，聖人亦不傷人。夫兩不相傷，故其德交歸焉〔一〕。

此言無爲之益，福利於民，返顯有爲之害也。

凡治大國，以安静無擾爲主，行其所無事，則民自安居樂業，而蒙其福利矣，故曰「若烹小鮮」。「烹小鮮」則不可撓，撓則靡爛而不全矣。治民亦然。夫虐政害民，災害並至，民受其殃。不知爲政之道，乃以鬼神爲厲而傷人，反以祭祀以要其福，其實君人者不道所致也。若以道德君臨天下，則和氣致祥，雖有鬼而亦不神矣。「不神」，謂不能爲禍福也。

且鬼神非無，然洋洋乎如在其上，如在其左右，豈不昭格於上下耶？第雖靈爽赫然，但只爲民之福，不爲民害，故曰「非其鬼不神」，但「其神不傷人」耳。然非其神不傷人，實由聖人含哺百姓，如保赤子，與「天地合其德，鬼神合其吉凶」，而絕無傷民之意，故鬼神協和而致福也，故曰非其神不傷人，聖人亦不傷之。

如湯之時，七年大旱，湯以身代犧牲，藉茅以禱，致雨三尺。故民皆以湯王克誠感格所致，斯蓋由夫兩不相傷，故其德交歸焉。此無爲之德，福民如此。

校　釋

〔一〕故其德交歸焉：王弼本無「其」字。

六十一章

大國者下流，天下之交，天下之牝。牝常以靜勝，牡以靜爲下。故大國以下小國，則取小國；小國以下大國，則取大國。故或下以取，或下而取。大國不過欲兼畜人，小國不過欲入事人。夫兩者各得其欲〔一〕，故大者宜爲下。

此言君天下者，當以靜勝爲主，不可以力相尚也。

夫流之在下者，如江海，衆水歸之。故大國之在天下，衆望歸之。故如流之在下，以爲天下之交，納汙含垢，無所不容，又虚而能受，如「天下之牝」也。凡物之雌曰牝，雄曰牡，牡動而牝静，動則不育，静能有生，是牝以静勝牡也。以此譬喻聖人之德。然聖人爲天下牝者，以天下之人，衣食皆賴之以生，爵禄皆賴之以榮，萬幾並集於一人。故君道無爲，而皆任其所欲，各遂其所生。所謂萬物皆往資焉而不匱，此似牝以静勝牡也。是則静爲群動之歸趨，故以静爲下。

大字小，小事大，皆有以下之也。「取」者，得之易也。大字小，如母育子；小事大，如子奉母。精神相孚，相得最易，故如掇之也。然大字小，必有所容，故曰「或下以取」。「以」，猶左右之也。小事大，必有所忍，故曰「或下而取」。「而」，因而取之也。皆無妄動之過，故交歸焉。且大國之欲，不過兼畜人，非容無以成其大；小國之欲，不過入事人，非忍無以濟其事。兩者既各得其所欲，而大者更宜下，何也？以大國素尊，難於下耳，故特勉之。

此老子見當時諸侯，專於征伐，以力不以德，知動不知静，徒見相服之難，而不知「下」之一字，爲至簡之術。蓋傷時之論也。

校　釋

〔一〕夫兩者各得其欲：王弼本作「夫兩者各得其所欲」。

六十二章

道者萬物之奥，善人之寶，不善人之所保。

美言可以市，尊行可以加人。人之不善，何棄之有！故立天子，置三公，雖有拱璧以先駟馬，不如坐進此道。

古之所以貴此道者何？不曰求以得〔一〕，有罪以免耶？故爲天下貴。

此言道之爲貴，誠人當勉力以求之也。

「道者，萬物之奥。」「奥」者，室之西南隅。有室必有奥，但人雖居其室，而不知奥之深邃。以譬道在萬物，施之日用尋常之間，人「日用而不知」，故如奥也。然道既在萬物，足知人性皆同，雖有善惡之差，而性未嘗異，以其俗習之偏耳。故善人得之以爲寶，惡人雖失，亦賴此道保之以有生，故曰「所保」。苟非其道以保之，則同無情瓦石矣。足見理本同也，所謂堯舜與人同耳。

由此觀之，天下豈有可棄之人耶？且一言之美，則可以市。「市」，利也。一行之尊，則可以加於人之上，况大道之貴，豈止一言之美，一行之尊？且人之全具而不欠缺一毫者，斯則不善之人，又何棄之有耶？「故立天子，置三公，雖有拱璧以先駟馬，不如坐進此道。」此古語也，老子解之曰：然天子三公，不足爲尊貴，拱璧駟馬，不足爲榮觀，總不如坐進此道。

所以貴此道者，何耶？豈不曰：求道以得之，縱有罪亦可以免之耶！是知桀紂，天子也，不免其誅；四凶，三公也，不免其戮。非無拱璧駟馬，而竟不能免其罪。故夷、齊諫武王而不兵，巢、許傲天子而不譴，豈非「求以得，有罪以免耶」？况夫一念復真，諸罪頓滅。苟求而得，立地超凡，故「爲天下貴」也。

校釋

〔一〕求以得：王弼本作「以求得」。

六十三章

爲無爲，事無事，味無味。大小多少，報怨以德。

圖難於其易，爲大於其細。天下難事必作於易，天下大事必作於細。是以聖人終不爲大，故能成其大。

夫輕諾必寡信，多易必多難。是以聖人猶難之，故終無難。

此言聖人入道之要妙，示人以真切工夫也。凡有爲，謂智巧；有事，謂功業；有味，謂功名利欲。此三者，皆世人之所尚。然道本至虛而無爲，至靜而無事，至淡而無味，獨聖人以道爲懷，去彼取此。故所爲者無爲，所事者無事，所味者無味。

故世人皆以名位爲大，以利禄爲多而取之。然道至虛微，淡泊無物，皆以爲小少，故棄而不取。聖人去功與名，釋智遺形，而獨與道遊，是去其大多，而取其小少。故以至小爲至大，至少爲至多，故大其小，而多其少也。

試觀世人報怨以德，則可知矣。何也？且世之人，無論貴賤，事最大而難解者，怨也。然怨之始也，偶因一言之失，一事之差，遂相搆結，以至殺身滅名，亡國敗家之禍；甚至有積怨深憤，父子子孫，累世相報而未已者。此舉世古今之恒情也，豈非其事極大且多哉！

惟聖人則不然。察其怨之未結也，本不有；始結也，事甚小；既結也，以爲無與於己。故無固執不化之心，亦無有我以與物爲匹敵。其既往也，事已消之，求其朕而不可得。以此觀之，則任彼之怨，在我了無報之之心矣。然彼且以爲有怨，在我全無報復之心，彼必以我爲德矣。是所謂報怨以德，非謂曲意將德以報怨也。孔子「以直報怨」，正謂此耳。

斯則怨乃事之至大而多，人人必有難釋者，殊不知有至易者存焉，是所謂「爲無爲，事無事」，大其小，而多其少也。天下之事，何獨於怨，而事事皆然。故天下之事至難者，有至易存焉；至大者，有至細存焉。人不見其易與細，而於難處圖之，大處爲之，必終無成。苟能圖之於易，而爲之於細，鮮不濟者。以「天下難事必作於易，天下大事必作於細」故也。「作」者，始起也。是以聖人虛心體道，退藏於密，迹愈隱而道愈光，澤流終古而與天地參。此所謂「終不爲大，故能成其大」也。

老子言及至此，抑恐世人把「易」字當作容易、輕易字看，故誡之曰「夫輕諾必寡信，多易必多難」。謂世人不可將事作容易看也。且容易許人，謂之輕諾。凡輕許者，必食言而寡信；見事之容易而輕爲者，必有始而無終。是故易字，非容易也。世人之所難，而聖人之所易；世人之所易，而聖人之所難。故曰：「聖人猶難之，故終無難。」「猶」，應作「尤」，古字通用，更也。謂世人之所甚易者，而聖人更難之，故終不難耳。

觀夫文王兢兢，周公業業，戒慎恐懼乎不覩不聞，皆聖人之所難也。

余少誦「圖難於易，爲大於細」二語，只把作事看。及余入山學道，初爲極難，苦心不可言；及得用心之訣，則見其甚易。然初之難，即今之易；今之易，即初之難。然治心如此，推之以及天下之事皆然。此聖人示人入道之真切工夫也。志道者勉之。

六十四章

其安易持，其未兆易謀，其脆易破〔一〕，其微易散。爲之於未有，治之於未亂。

合抱之木，生於毫末；九層之臺，起於累土；千里之行，始於足下。

爲者敗之，執者失之。聖人無爲故無敗〔二〕，無執故無失。

民之從事，常於幾成而敗之。慎終如始則無敗事。

是以聖人欲不欲，不貴難得之貨；學不學，復衆人之所過。以輔萬物之自然而不敢爲。

此釋上章「圖難於易，爲大於細」之意，以示聖人之要妙，只在爲人之所不爲，以爲學道之捷徑也。

治人事天工夫，全在於此。「安」與「未兆」，蓋一念不生，喜怒未形，寂然不動之時，吉凶未見之地，乃禍福之先，所謂幾先也。「持」字，全是用心力量，謂聖人尋常心心念念，朗然照於一念未生之前，持之不失。此中但有一念動作，當下就見就知，是善則容，是惡則止，所謂「早復」。孔子所謂「知幾其神乎」。此中下手甚易，用力少而收功多，故曰「其安易持」。「兆」，是念之初起；「未兆」，即未起。此中喜怒未形，而言謀者，此謀非機謀之謀，乃戒慎恐懼之意。於此著力，圖其「早復」，蓋第一念爲之於未有也。若「脆」與「微」，乃是一念始萌，乃第二念耳。然一念雖動，善惡未著，甚脆且微，於此著力，所謂「治之於未亂」也。

「合抱之木」已下三句皆譬喻。「毫末」，喻最初一念；「累土」「足下」，喻最初一步工夫也。

上言用心於内，下言作事於外。「爲」、「執」二句，言常人不知著力於未然之前，卻在既發之後用心，爲之則返敗，執之則反失矣。聖人見在幾先，安然於無事之時，故無所爲，而亦無所敗；虛心鑒照，故無所執，而亦無所失。以其聖人因理以達事耳。常民不知在心上做，卻從事上做，費盡許多力氣，且每至於幾成而敗之。此特機巧智謀，有心做來，不但不成，縱成亦不能久，以不知聽其自然耳。「慎終如始」，「始」，乃事之初；「終」，乃事之成。天下之事，縱然盈乎天地之間，聖人之見，察其始也本來不有。以本不有，故將有也，任其自然，而無作爲之心。及其終也，事雖已成，觀之亦似未成之始，亦無固執不化之念，此所謂「慎終如始」，故無敗事也。

「是以」已下，總結聖人返常合道也。若夫衆人之所欲者，功名利禄，玉帛珍奇；所學者，權謀智巧。火馳於此，往而不返，皆其過也。至於道德無爲，皆以爲賤而所不欲，以爲無用而不學，故恃智好爲，以傷自然之樸。聖人離欲釋智，以復衆人之過耳，以恃萬物之自然，故終不敢爲也。

莊子内聖外王學問，全出於此。吾人日用明此，可以坐進此道。以此用世，則功大名顯。伊、周事業，特緒餘耳，豈不至易哉！

校　釋

〔一〕其脆易破：王弼本「破」作「泮」。

〔二〕聖人無爲故無敗：王弼本此句前有「是以」二字。

六十五章

古之善爲道者，非以明民，將以愚之。民之難治，以其智多。以智治國〔一〕，國之賊；不以智治國，國之福。知此兩者亦楷式，能知楷式，是謂玄德〔二〕。玄德深矣，遠矣，與物反矣！乃至於大順〔三〕。

此言聖人治國之要，當以樸實爲本，不可以智誇民也。「明」者，昭然揭示之意；「愚」者，「民可使由之，不可使知之」之意。夫民之所趨，皆觀望於上也，所謂「百姓皆注其耳目」。凡民之欲蔽，皆上有以啓之，故上有好者，下必有甚焉者也。故聖人在上，善能以斯道覺斯民，當先身以教之。上先不用智巧，離欲清淨，一無所好，若無所知者，則民自各安其日用之常，絕無一念好尚之心，而黠滑之智自消，奸盜之行自絕矣。所謂「我好靜而民自正，我無爲而民自化」，故曰「非以明民，將以愚之」。此重在「以」字，前云「衆人皆有以」，「以」，如春秋「以某師」之「以」，謂左右之也。此其上不用智，故民易治耳。

然民之難治者，皆用智之過也。足知以智治國者，返爲害也，乃國之賊；不用智而民自安，則爲國之福矣。人能「知此兩者」，可爲治國之楷式也。「楷式」，好規模也。苟能知此楷式，是「謂之玄德」矣。「玄德」，謂德之玄妙，而人不測識也，故歎之曰「玄德深矣遠矣」，非淺識者所可知也。

民之欲，火馳而不返。唯以此化民，則民自然日與物相反，而大順於妙道之域矣。語曰「齊一變至於魯，魯一變至於道」〔四〕，猶有智也，况玄德乎？

校釋

〔一〕以智治國：王弼本此句前有一「故」字。

〔二〕知此兩者亦楷式，能知楷式，是謂玄德：王弼本兩「楷」字均作「稽」，「能」作「常」。

〔三〕乃至於大順：王弼本作「然後乃至大順」。

〔四〕齊一變至於魯，魯一變至於道：語出論語雍也，意爲齊國一變革，就能達到魯國的程度；魯國一變革，就能達到先王之道的程度。

六十六章

江海所以能爲百谷王者，以其善下之，故能爲百谷王。

是以聖人欲上民〔一〕，必以言下之；欲先民，必以身後之。是以聖人處上而民不重，處前而民不害。是以天下樂推而不厭。以其不爭，故天下莫能與之爭。

此教君天下者，以無我之德，故天下歸之如水之就下也。百川之水，不拘淨穢，總歸於江海。江海而能容納之，以其善下也。此喻聖人在上，天下歸之，以其無我也。「欲上民，必以言下」者，「言」者，心之聲也。故君天下者，尊爲天子。聖人虚心應物，而不見其尊，故凡出言必謙下。如曰「孤、寡、不穀」，不以尊陵天下也。

「欲先人，必以身後之」者，「身」者，心之表也。君天下者，貴爲天子，天下推之以爲先。聖人忘己與人，而不自見有其貴。故凡於物欲，澹然無所嗜好，不以一己之養害天下也。「重」者，猶不堪也，是則聖人之心，有天下而不與。故雖處上，而民自堪命，不以爲重；雖處前，而民自遂生，不以爲害。此所以「天下樂推而不厭」。蓋無我之至，乃不爭之德也。此爭非爭鬬之謂，蓋言心不馳競於物也，「以其不爭，故天下莫能與之爭」。

莊子所謂「兼忘天下易，使天下忘己難」，此則能使天下忘己，故莫能與之爭耳。

校　釋

〔一〕是以聖人欲上民：王弼本無「聖人」二字。

六十七章

天下皆謂我道大，似不肖。夫惟大，故似不肖；若肖，久矣其細〔一〕。我有三寶，持而寶之〔二〕：一曰慈，二曰儉，三曰不敢爲天下先。慈，故能勇；儉，故能廣；不敢爲天下先，故能成器長。今捨慈且勇，捨儉且廣，捨後且先，死矣！夫慈，以戰則勝，以守則固，天將救之，以慈衛之。

此章老子自言所得之道至大，世人不知，其實所守者至約也。「道大」，如巍巍乎惟天爲大，蕩蕩乎民無稱焉，言其廣大難以名狀也。「不肖」，如孔子云「不器」，大史公謂孟子「迂遠而不切於事情」之意，即莊子所謂「大有徑庭，不近人情」也。

此蓋當時人見老子其道廣大，皆如下文所云，以「勇」、「廣」、「器長」稱之，且不得而名，故又爲「不肖」，即若孔子稱之「猶龍」也。故老子因時人之言，乃自解之曰：天下人皆謂我之道大，似乎不肖，無所可用。惟其大，所以似不肖耳。「肖」者，與物相似，如俗云「一樣」也。「若肖」，作一句；「久矣其細」，作一句，倒文法耳。謂我若是與世人一樣，則成細人久矣，又安得以道大稱之哉？

下文釋其大之所以，謂世人皆見其物莫能勝我，遂以我爲勇；見我寬裕有餘，遂以我爲廣；見其人皆推我爲第一等人，遂以我爲器長。「器」者，人物之通稱也。以此故，皆謂我道大，其實似無所肖，殊不知我所守者至約，乃「慈」、「儉」、「不敢爲天下先」，三法而已。「慈」者，並包萬物，覆育不遺，如慈母之育嬰兒；「儉」者，嗇也，有而不敢盡用；「不敢爲天下先」者，虚懷遊世，無我而不與物對。

然以慈育物，物物皆己，且無己與物敵，物自莫能勝矣，故曰「慈，故能勇」；心常自足，雖有餘而不用，所處無不裕然寬大矣，故曰「儉，故能廣」；物我兩忘，超然獨立，而不見有己以處人前，故人皆以我爲畸人，推爲人中之最上者矣，故曰「不敢爲天下先，故能成器長」。以此故，皆以我爲「道大似不肖」耳。以我所守者如此，即前所云「我獨異於人，而貴求食於母」也。以此三者，乃大道之要妙耳。

且今世人，捨慈而言勇，捨儉而言廣，捨後而言先，死矣。此「死」字，非生死之死，如禪家所云「死在句下」，蓋死活之死，言其無生意也。以世人不知大道之妙，但以血氣誇侈爭勝做工夫，故一毫没用頭，皆死法，非活法也。

且此三者之中，又以慈爲主，不但學道，即治天下國家莫不皆然。若以戰則勝，以守則固，故王師無敵，民效死而勿去，皆仁慈素有所孚，故爲戰勝守固之道。此所謂「道之真以治身，其緒餘以爲天下國家」。以天地之大德曰生，故天將救斯民，而純以慈衛之。故聖人法天利用，而以慈爲第一也，世俗惡足以知之？

故知治世能用老氏之術，坐觀三代之化。所以漢之文景，得糟粕之餘，施於治道，迥超百代耳。此老子言言皆真實工夫，切於人事，故云「甚易知易行」。學人視之太高，類以虚玄談之，不能身體而力行，故不得其受用耳。惜哉！

校 釋

〔一〕久矣其細：王弼本作「久矣其細也夫」。

〔二〕持而寶之：王弼本「寶」作「保」。

六十八章

善爲士者不武，善戰者不怒，善勝敵者不争〔一〕，善用人者爲之下。是謂不争之德，是謂用人之力，是謂配天，古之極。

此言聖人善於下人，以明不争之德，釋上三寶之意也。一章主意，只在「善用人者爲之下」一句。乃假兵家戰勝之事，以形容其慈，乃不争之至耳。「士」者，介胄之士；「武」者，武勇。然士以武爲主，戰以怒爲主，勝敵以争爲主，三者又以氣爲主。况善於爲士者不用武，善於戰者不在怒，善於勝敵者不必争，即前所云「以慈用兵」也。意謂「武」、「怒」、「争」三者，獨兵事所必用，若用之而必死，故善者皆不用，何况常人。豈可恃之以爲用耶？乃驕矜恃氣，不肯下人，故人不樂其用，乃不善用人耳。

故古之善用人者，必爲之下，即此是謂不争之德也。若以力驅人，能驅幾何？若以下驅人，則天下歸之，是以下用人，最有力也。所謂「上善若水，水善利萬物而不争」，以其有力也。「是謂配天古之極」者，「乾」天、「坤」地，若天地正位，則爲「否」，而萬物不生；若乾下坤上，則爲「泰」，是知天在上而用在下也。聖人處民上而心在下，可謂配天之德。此古皇維極之道，置百姓於熙皞至樂之中，斯豈不争之德以治天下，而爲力之大者與？

此章主意，全在不用氣上做工夫，即前云「專氣致柔，能如嬰兒」，純和之至，則形化而心忘，不見物爲對，則不期下而自下矣。殆非有心要下，而爲用人之術也。然學人有志於謙德，則必尊而光，況聖人無我之至乎？

校　釋

〔一〕善勝敵者不爭：王弼本「爭」作「與」。

六十九章

用兵有言：吾不敢爲主，而爲客；不敢進寸，而退尺。是謂行無行音杭，户剛反，攘無臂，仍無敵〔一〕，執無兵兵者，五兵器械，謂戈、矛、殳、戟、干也。禍莫大於輕敵，輕敵幾喪吾寶。故抗兵相加，哀者勝矣。

此重明前章不爭之德，以釋上「三寶」以「慈」爲本之意也。然慈，乃至仁之全德也。所謂大仁不仁，以其物我兼忘，内不見有施仁之心，外不見有受施之地。故凡應物而動，皆非出於有心好爲，蓋迫不得已而後應。故借用兵以明慈德之至也。

何以知之？且如古之用兵者有言曰：「吾不敢爲主而爲客，不敢進寸而退尺。」

以此觀之，足可知也。古之用兵，如涿鹿、孟津之師是也。「兵主」，如春秋征伐之盟主。蓋專征伐，主於兵者，言以必争必殺爲主也。「客」，如諸侯應援之師，本意絶無好殺之心，以兵主召之，迫不得已，懼之而後應也。「不敢爲主」者，言其本無好殺之心，今雖迫不得已而應之，然亦聽之待之，若可已則已。以無心於功利，故絶無争心，所以進之難而退之易，故曰「不敢進寸，而退尺」，言身進而心不進，是以退心進也。以無争心，故雖行而如不在行陣，雖攘而若無臂之人。「仍」，相仍，猶就也。言彼以我爲敵，而我就以彼爲敵也。雖就，亦似無敵可對；雖執，猶若無兵可揮。

戒懼之至，而不敢輕於敵；由不敢輕敵，所以能保全民命，不傷好生之仁。然禍之大者「莫大於輕敵」，以輕敵則多殺，多殺則傷慈，故「幾喪吾寶」矣。「抗兵」，乃兩敵相當，不相上下，難於決勝，但有慈心哀之者，則自勝矣。何則？以天道好生，助勝於慈者也。

由是觀之，兵者對敵，必争必殺以取勝，今乃以不争不殺而勝之，蓋以慈爲本故也。足見慈乃不争之德，施於必争之地，而以不争勝之，豈非大有力乎？用之於敵尚如此，況乎聖人無物爲敵，而以平等大慈，並包萬物，又何物而可勝之耶！故前云「不争之德，是謂用人之力，是謂配天，古之極」。

此章舊解多在用兵上説，全不得老子主意。今觀初一句，乃借用兵之言，至「輕敵」「喪寶」，則了然明白。是釋上「慈」字，以明不争之德耳。

校　釋

〔一〕仍無敵：王弼本「仍」作「扔」。

七十章

吾言甚易知，甚易行；天下莫能知，莫能行。言有宗，事有君。夫惟無知，是以不我知。知我者希，則我者貴，是以聖人披褐懷玉。

此章示人立言之指，使知而行之，欲其深造而自得也。

老子自謂：我所言者，皆人人日用中最省力一著工夫。明明白白，甚容易知，容易行，只是人不能知，不能行耳。以我言言事事，皆以大道爲主，非是漫衍荒唐之説，故曰「言有宗，事有君」。「宗」、「君」，皆主也。且如一往所説，絶聖棄智，虚心無我，謙下不争，忘形釋智，件件都是最省力的工夫，放下便是，全不用你多知多解，只在「休心」二字，豈不最易知最易行耶？

然人之所以不能知者，因從來人人都在知見上用心，除卻知字，便無下落。以我無知無識一著，極難湊泊，所以人不知我耳。故曰：「夫惟無知，是以不我知。」然「無知」一著，不獨老子法門宗旨，即孔子亦同。如曰：「吾有知乎哉？無知也！有鄙夫問於我，空空如也。」此豈不是孔聖亦以無知爲心宗耶？此夫子見老子後，方得妙悟如此，故稱「猶龍」，正謂此耳。

然以無知契無知，如以空合空；若以有知求無知，如以水投石。所以孔、老心法，千古罕明，故曰「知我者希」。若能當下頓悟此心，則立地便是聖人，故曰「則我者貴」。「則」，謂法則，言取法也。聖人懷此虛心妙道以遊世，則終日與人周旋，對面不識，故如披褐懷玉。永嘉云〔一〕：「貧則身常披縷褐，道則心藏無價珍。」

此一章書，當在末後結束。蓋老子向上一往所言天人之藴，至此已發露太盡，故著此語。後章只是要人在日用著力做工夫，以至妙悟而後已。

校釋

〔一〕永嘉：唐代永嘉玄覺禪師。温州永嘉人，姓戴氏。出家徧探三藏，精通天台之止觀。後詣曹溪六祖，言下契悟，一宿而去，時稱「一宿覺」。有永嘉集盛行於世。（參見五燈會元，宋普濟著，中華書局一九八四年版，第九一頁）

七十一章

知不知，上；不知知，病。夫惟病病，是以不病。聖人不病，以其病病，是以不病。

此承上言「夫惟無知，是以不我知」，恐人錯認「無知」，故重指出無知之地也。然世人之知，乃敵物分別之知，有所知也；聖人之知，乃離物絶待，照體獨立之知，無所知也。故聖人之無知，非斷滅無知，乃無世人之所知耳；無所知，乃世人所不知也。世人所不知，乃聖人之獨知。人能知其所不知之地，則爲上矣，故曰「知不知，上」。

若夫臆度妄見，本所不知，而强自以爲知；或錯認無知爲斷滅，同於木石之無知。此二者皆非真知，適足爲知之病耳，故曰「不知知，病」。若苟知此二者爲知之病，則知見頓亡，可造無知之地，而無强知妄知之病矣，故曰「夫惟病病，是以不病」。聖人但無强妄之知，故稱無知，非是絶然斷滅無知也，故曰「聖人不病」。

此段工夫，更無别樣玄妙，唯病其妄知、强知是病而不用，是以不墮知病之中，而名無知。此無知，乃真知，若如此真知，則終日知而無所知，斯實聖人自知之明，常人豈易知哉！此所以「易知」、「易行」，而世人「不能知」、「不能行」也。

古云：「知之一字，衆妙之門；知之一字，衆禍之門。」然聖人無知之地，必假知以入，若悟無知，則妄知自泯，此乃「知之一字，衆妙之門」也。若執有知以求無知，則返增知障，此乃「衆禍之門」，正是此中知之病也。「知不知，上」，最初知字，正是入道之要。永嘉云：「所謂知者，但知而已。」此句最易而難明，學者日用工夫，當從此入。

七十二章

民不畏威，大威至矣〔一〕。

無狹其所居〔二〕，無厭平聲其所生。夫惟不厭，是以不厭去聲。

是以聖人自知，不自見；自愛，不自貴。故去彼取此。

此章教人遺形去欲，爲入道之工夫，以造聖人無知之地也。

凛然赫然而可畏者，謂之威。如云寒威、炎威是也。是則凡可畏者，皆謂之威；唯國之大罰，與天地之肅殺，乃大威也。此借以爲戕生傷性者之喻。世人以爲小惡不足戒，而不知畏，必致殺身而後已。此「民不畏威，大威至矣」，喻世人祇知嗜欲養生，而不知養生者，皆足以害生而可畏也。且若嗜酒色，必死於酒色；嗜利欲，必死於利欲；嗜飲食，必死於飲食。是則但有所嗜，而不知畏，必至於戕生傷性而後已。此「不畏威」，故「大威至」矣。

然人但知嗜而不知畏者，以其止知有身之可愛，有生之可貴，以此爲足，而不知大有過於此者，性也。且吾性之廣大，與太虛同體，乃吾之真宅也。苟以性視身，則若大海之一漚，太虛之一塵耳，至微小而不足貴者。人不知此，而但以蕞爾之身，以爲所居之地，將爲至足，而貴愛之，則狹陋甚矣，故戒之曰「無狹其所居」。「狹其居」者，將以此身此生爲至足也，故又戒之曰「無厭其所生」。「厭」，足也。若知此身此生之不足貴，則彼物欲固能傷生，亦不足以害我矣。以其無死地也，故曰「夫惟不厭，是以不厭」。「厭」，棄也。

故聖人自知尊性，而不見生之可養；自愛遺形，而不見身之可貴。此聖人之所獨知，世人之所不知也。故去彼衆人之所知，取彼所不知，以爲道之要妙耳。以此足見世人之所知者，皆病也。聖人病之而不取，故不病也。

後三章互相發明此章之旨。

校　釋

〔一〕大威至矣：王弼本作「則大威至」。

〔二〕無狹其所居：王弼本「狹」作「狎」。

七十三章

勇於敢則殺，勇於不敢則活。此兩者，或利或害。天之所惡，孰知其故？是以聖人猶難之。天之道，不爭而善勝，不言而善應，不召而自來，繟音闡，舒緩也然而善謀。天網恢恢，疏而不失。

此言天命可畏，報應昭然，教人不可輕忽也。

「勇」者，決定之志也；「敢」者，不計利害而決於爲也；「殺」「活」，死生也。謂凡世人作事，不顧利害，不怕死生，而敢爲之，然敢乃必死之地，故曰「勇於敢則殺」。若用志於不敢爲，是足以保身全生，故曰「勇於不敢則活」。此天道必然之理也。

且此二者，亦有敢而生，不敢而死者。至若顔子夭，而盜蹠壽，此乃當害而利，當利而反害者，何耶？况天道好謙而惡盈，與善而惡惡，是則爲惡者，當惡而不惡，斯豈報應差舛耶？世皆疑之，故解之曰：「天之所惡，孰能知其故？」「故」，所以然也。孔子曰：「無求生以害仁，有殺身以成仁。」由此觀之，生存而仁害，雖生亦死；身滅而仁成，雖死亦生。斯則蹠非壽，顔非夭矣！此乃天道所以然之妙，而非世人所易知。是以聖人於此猶難之，不敢輕忽，而敬畏之，所謂「畏天之威，於時保之」也。

故下文歷示天道之所以，逆天者亡，故「不争而善勝」；感應冥符，故「不言而善應」；吉凶禍福如影響，故「不召而自來」。然報愈遲，而惡愈深，禍愈慘，故「繟然而善謀」。以報速者有所警，報緩則不及悔，必至盡絶而後已，此所謂善謀也。是則天道昭昭在上，如網之四張，雖恢恢廣大，似乎疏闊，其實善惡感應，毫髮不遺，此所謂「疏而不失」也。

七十四章

民不畏死，奈何以死懼之！若使民常畏死，而爲奇者，吾將執而殺之〔一〕，

世人不知天命之如此，乃以敢以强以争競於名利之場，將謂一身之謀，不顧利害死生而爲之，自謂智力以致之。蓋不知命之過，皆取死之道也，可不畏哉！

孰敢？

常有司殺者殺，夫代司殺者殺，是謂代大匠斲。夫代大匠斲者，希有不傷手矣〔二〕。

此承上章天道無言，而賞罰不遺，以明治天下者當敬天保民，不可有心尚殺以傷慈也。

治天下者，不知天道，動尚刑威，是以死懼民也。老子因而歎之曰：「民不畏死，奈何以死懼之」耶！以愚民無知，但爲養生口體之故，或因利而行劫奪，或貪欲而嗜酒色，明知日蹈死亡，而安心爲之，是不畏死也。如此者衆，豈得人人而盡殺之耶？若民果有畏死之心，但凡有爲奇詭之行者，吾執一人而殺之，則足以禁天下之暴矣。如此，誰又敢爲不法耶？民既不畏死，殺之無益，適足以傷慈耳。

夫天之生民，必有以養之。而人不知天，不安命，横肆貪欲以養生，甚至不顧利害，而無忌憚以作惡，是乃不畏天威。天道昭昭，必將有以殺之矣。是居常自有司殺者殺，無庸有心以殺之也。所謂天生天殺，道之理也。今夫人主，操生殺之權，乃代天之威以保民者，若民惡貫盈，天必殺之。人主代天以行殺，故云「代司殺者殺」，如代大匠斲也。

且天鑑昭明，毫髮不爽，其於殺也，運無心以合度，揮神斤以巧裁，不疾不徐，故如大匠之斲，運斤成風而不傷鋒犯手。至若「代大匠斲者，希有不傷手矣」，何也？夫有心之殺，乃嗜殺也，嗜殺傷慈，且天之司殺，實爲好生。然天好生，而人好殺，是不畏天而悖之，返取其殃，此所以爲自傷其手也。

孟子曰：「不嗜殺人者能一之。」此語深得老子之餘意。故軻力排楊墨，而不及老莊，良有以焉。至哉！仁人之言也。

校釋

〔一〕吾將執而殺之：王弼本「將」作「得」。

〔二〕希有不傷手矣：王弼本作「希有不傷其手矣」。

七十五章

民之飢，以其上食税之多，是以飢〔一〕；民之難治，以其上之有爲，是以難治；民之輕死，以其求生之厚，是以輕死。

夫惟無以生爲者，是賢於貴生。

此釋上章民不畏死之所以，教治天下者當以淡泊無欲爲本也。凡厥有生，以食爲命，故無君子莫治野人，無小人莫養君子，是則上下同一命根也。然在上之食，必取税下民，一夫之耕，不足以養父母妻子。若取之有制，猶可免於飢寒，若取之太多，則奪民之食以自奉，使民不免於死亡，凡賊盜起於飢寒也。民既飢矣，求生不得，而必至於奸盜詐僞，無不敢爲之者。雖有大威，亦不畏之矣。

是則民之爲盜，由上有以驅之也。既驅民以致盜，然後用智術法令以治之，故法令滋彰，盜賊多有，此民所以愈難治。雖有斧鉞之誅，民將輕死而犯之矣。由是推之，民之輕死，良由在上求生之厚以致之，非别故也。「厚」，重也。此句「影」〔三〕前當有一「上」字，方盡其妙。

然重於求生，以但知生之可貴，而以養生爲事，不知有生之主。苟知養生之主，則自不見有身之愛，有生之可貴。欲自消而心自静，天下治矣。所謂「我無爲而民自化，我好静而民自正，我無事而民自富，我無欲而民自樸」，故曰「夫惟無以生爲者，是賢於貴生」。「賢」，猶勝也。

此中妙處，難盡形容。當熟讀莊子養生主、馬蹄、胠箧諸篇，便是注解。又當通前四章返復參玩，方見老子喫緊處。

校　釋

〔一〕民之飢，以其上食税之多，是以飢：王弼本此句兩「飢」字均作「饑」。

〔二〕影：當爲「求」字，誤。

七十六章

人之生也柔弱，其死也堅强；萬物草木之生也柔脆，其死也枯槁。故堅强者死之徒，柔弱者生之徒。是以兵强則不勝，木强則共〔一〕音拱，兩手合圍也。**强大處下，柔弱處上。**

此章傷世人之難化，欲在上者當先自化，而後可以化民也。結句乃本意，上文皆借喻以明之耳。

經曰：「此土衆生，其性剛强，難調難化。」故老子專以虚心、無爲、不敢，爲立教之本。全篇上下，專尚柔弱而斥剛强。故此云：「堅强者死之徒，柔弱者生之徒。」乃借人物草木爲喻，是以兵喻戒懼，木喻心虚。言兵若臨事而懼，不敢輕敵，故能全師以自勝。是以全生爲上，而多死爲下也。木之枝條，以沖氣爲和，故欣欣向榮，而生意自見，是以虛心柔弱在上；若成拱把，則麤幹堅强者在下矣。

以此足知戒懼虛心、柔弱翕受者，方可處於民上也。若夫堅强自用，敢於好爲，則終無有生意矣。此語大可畏哉！

校　釋

〔一〕木强則共：王弼本「共」作「兵」。

七十七章

天之道，其猶張弓乎？高者抑之，下者舉之；有餘者損之，不足者補之。天之道，損有餘而補不足；人之道則不然，損不足以奉有餘。孰能有餘以奉天下？唯有道者。是以聖人爲而不恃，功成而不處，其不欲見賢耶？

此言天道之妙，以明聖人法天以制用也。

弓之爲物，本弣高而有餘，弰下而不足，乃弛而不用也。及張而用之，則抑高舉下，損弣有餘之力，以補弰之不足，上下均停，然後巧於中的。否則養由、逢蒙，無所施其巧矣。

天之道亦由是也。以其但施而不受，皆損一氣之有餘，以補萬物之不足，均調適可，故各遂其生。人道但受而不施，故人主以天下奉一己，皆損百姓之不足，以補一人之有餘，裒寡益多，故民不堪其命。

誰能損有餘以奉天下哉？唯有道者，達性分之至足，一身之外皆餘物也。故堯舜有天下而不與，即以所養而養民，乃能以有餘奉不足也。是以聖人與道爲一，與天爲徒，故法天制用，雖爲而不恃其能，雖成而不居其功，此損之至也。損己至，故天下樂推而不厭，雖不欲見賢，不可得也。「其不欲見賢耶」一句，謂我心本不欲見賢，而人自以我爲賢矣。此益也，由損而至，故「唯天爲大，唯堯則之」，此之謂也。

七十八章

天下莫柔弱於水，而攻堅强者莫之能先，以其無以易之也〔一〕。

故柔之勝剛，弱之勝强〔二〕，天下莫不知，莫能行。

是以聖人云：受國之垢，是謂社稷主；受國之不祥，是謂天下王〔三〕。正言若反。

此結通篇柔弱之意，欲人知而能行也。即左傳訓「師無易敵」之「易」。謂師之柔弱，則敵人「無以易之」，「易」，輕易也。至若水之柔弱，則人莫能料，莫能料，故無以易之，而卒莫能以有以料而易之以取勝。此所以「攻堅强者莫之能先」。「莫能先」，謂無有過於此也。世人皆以柔弱爲不足取，率輕易之，故天下皆知之而莫能行，以柔弱爲垢辱不美之稱故也。

「祥」，猶嘉美也。是以凡稱人君，則曰「乾剛能斷有爲」，遂以爲明君。若夫無爲，則國人皆以柔弱爲恥辱而不美矣。故聖人云：果能以柔弱處上，恬澹無爲，能受一國之恥垢者，則爲社稷真主；能受一國不美之名者，則爲天下明王矣。如堯之垂拱無爲，則野老謳曰「帝力何有於我哉」，此「受國之垢」也。

然柔弱無爲，乃合道之正言，但世俗以爲反耳。

校　釋

〔一〕而攻堅强者莫之能先，以其無以易之也：王弼本此句作「而攻堅强者莫之能勝，其無以易之」。

〔二〕故柔之勝剛，弱之勝强：王弼本此句作「弱之勝强，柔之勝剛」。

〔三〕受國之不祥，是謂天下王：「受國之不祥」，王弼本無「之」字；「是謂天下王」，王弼本「謂」作「爲」。

七十九章

和大怨，必有餘怨，安可以爲善？是以聖人執左契，而不責於人。有德司契，無德司徹。天道無親，常與善人。

此言聖人無心之恩，但施而不責報。此爲當時計利者發也。

然恩生於怨，怨生於恩。當時諸侯兩相搆怨，霸者主盟而爲和之。大怨既和，而必責報，報之不至，而怨亦隨之，是有「餘怨」也。莊子云「賊莫大於德有心」，故曰「安可以爲善」。

是以聖人無心之德，但施而不責報，故如貸之執左契，雖有而若無也。「契」，貸物之符券也。合同剖之，而有左右，貸者執右，物主執左，所以責其報也。「有德司契」，但與而不取，徒存虛契。「無德司徹」，不計彼之有無，必征其餘，如賦徹耳。「徹」，周之賦法。謂時至必取於民，而無一毫假借之意。

然上責報而下計利，將謂與而不取，爲失利也。殊不知，失於人而得於天，故曰「天道無親，常與善人」。且施而不取，我既善矣，人不與而天必與之，所謂「自天佑之，吉無不利」。豈常人所易知哉？

八十章

小國寡民，使有什伯人之器而不用〔一〕，使民重死而不遠徙。雖有舟輿，無所乘之；雖有甲兵，無所陳之；使民復結繩而用之。甘其食，美其服，安其居，樂其俗。鄰國相望，雞狗之聲相聞〔二〕，民至老死不相往來。

此結通篇無爲之益，施於治道，可復太古之化也。

「什伯之器」，並十曰「什」，兼百曰「伯」，「器」，材也。老子自謂：以我無爲之治，試於小國，縱使有兼十夫百夫之材者，亦無所用之，以民淳而無事故也。若國多事，煩擾於民，或窮兵致亂，重賦致饑，民不安其居，則輕死而去之。

今一切無之，故「使民重死而不遠徙」。「舟輿」，水陸之具，「不遠徙」，故雖有舟車無所用；不尚争，故「雖有甲兵無所陳」。「陳」，列也。不用智，故可使結繩而用之如太古矣。民各自足其足，絶無外慕之心，不事口體，故以尋常衣食爲甘美，以平居里俗爲安樂，日與鄰國雞狗相聞，至近之地，民至老死而不相往來。如此，則淳樸之至，乃太古之化也。

老子所言，疾當時之弊皆有爲，用智剛强，好争尚利，自私奉己，而不恤於民，故國亂民貧，而愈難治。所以治推上古，道合無爲。全篇所論，不出乎此，蓋立言之本旨也。

故終篇以此，請試而行之，可以頓見太古鴻荒之化，言取效之速如此也。所謂「一日克己復禮，天下歸仁」，深有味乎此言也。老氏之學，豈矯世絶俗之謂哉？

校釋

〔一〕使有什伯人之器而不用：王弼本無「人」字。

〔二〕雞狗之聲相聞：王弼本「狗」作「犬」。

八十一章

信言不美，美言不信；善者不辯，辯者不善；知者不博，博者不知。

聖人不積，既已爲人，己愈有；既已與人，己愈多〔一〕。

天之道，利而不害；聖人之道，爲而不争。

此結通篇立言之旨，以明老氏立教之宗也。

「信言不美」者，斯乃釋疑之辭，以明道本無言，因言顯道之意也。首章云「道可道，非常道」，以「可道」之「道」，乃言説也，老子自謂道若可言，即非真道矣。今上下五千餘字，豈非言耶？既已有言，則道非真矣。因於終篇以自解之，以釋後世之疑耳。然「信」，舊注「實」也。謂真實之言，即由衷之言也。「美言」，華美之言，乃巧言也。老子意謂道本無言，因言以顯，但我所言者，字字皆從真實理中流出，第藉之以彰道妙，故信實而不美，非若世人誇誕浮辭，雖美而不信也。

且世衰道微，人心不古。當時學者不達無言之旨，乃嘵嘵好辯尚博，各擅專門。如楊朱、墨翟、御寇、公孫之徒，祖述相傳，以辯博爲宗，自以爲善，殊不知以多岐亡羊，多方喪真，去道轉遠。老子因而斥之曰：「孰知不言之教，不辯之辯哉？」以彼辯者則不善於道，果善於道，則自不辯矣。

且道本無言，乃至約也。但了悟於心，可目擊而喻，妙契無言，自不容聲矣，何事於博哉？故曰「知者不博」。時人不知出此，徒事多聞，增益知見，以博爲知，其實不知「多言數窮」，故曰「博者不知」。以彼不知大道體虚，運而不積，而彼以積爲務，故愈增障礙。殊不知有積則有散，有散則有窮；無積則無散，無散則無窮。由聖人體虛合道，忘言任真，了無所積。由其不積，則不窮，所謂「虛而不屈，動而愈出」，如樞得環中，以應無窮。故「既已爲人己愈有，既已與人己愈多」也。

且天乃無言之聖，聖乃有言之天。以天道不積，其體至虛，故四時運而不竭，利盡萬物而終不傷其體，故曰「天之道利而不害」。「害」，非害物之害，乃不傷己之意。聖人法天利用，故終日運用，爲物作則，而了然無物可當於情，故曰「爲而不争」。「争」，謂與物競也。斯蓋虛心遊世，超然獨立於萬物之上矣。

老子學問工夫，真實直捷處，盡在於此，故結全書立言之旨，妙盡於是矣。學者勉哉！

校釋

〔一〕既已爲人，己愈有；既已與人，己愈多：王弼本此句兩「已」作「以」。

附録一　觀老莊影響論

敘意

西域諸祖，造論以破外道之執，須善自他宗。此方從古經論諸師，未有不善自他宗者。吾宗末學，安於孤陋，昧於同體，視爲異物，不能融通教觀，難於利俗。其有初信之士，不能深窮教典，苦於名相支離，難於理會。至於酷嗜老莊爲文章淵藪，及其言論指歸，莫不望洋而歎也。迨觀諸家注釋，各徇所見，難以折衷，及見口義、副墨，深引佛經，每一言有當，且謂「一大藏經皆從此出」，而惑者以爲必當，深有慨焉。

余居海上，枯坐之餘，因閱楞嚴、法華次，有請益老莊之旨者，遂蔓衍及此以自決，非敢求知於真人，以爲必當之論也。且概從古原教破敵者，發藥居多，而啓膏肓之疾者少。非不妙投，第未胗其病源耳。是故余以唯心識觀而印決之，如摩尼圓照，五色相鮮，空谷傳聲，衆響斯應。苟唯心識而觀諸法，則彼自不出影響間也。故以名論。

論教原

嘗觀世之百工技藝之精，而造乎妙者，不可以言傳；效之者，亦不可以言得。況大道之妙，可以口耳授受、語言文字而致哉？蓋在心悟之妙耳！是則不獨參禪貴在妙悟，即世智辯聰、治世語言、資生之業，無有一法不悟而得其妙者。妙則非言可及也。故吾佛聖人説法華，則純談實相，乃至妙法，則未措一詞，但云「如是」而已。

至若悟妙法者，但云善説法者，治世語言、資生業等，皆順正法。而華嚴五地聖人，善能通達世間之學，至於陰陽術數、圖書印璽、醫方辭賦，靡不該練，然後可以涉俗利生。故等覺大士，現十界形，應以何身何法得度，即現何身何法而度脱之。由是觀之，佛法豈絶無世諦，而世諦豈盡非佛法哉？由人不悟大道之妙，而自畫於内外之差耳，道豈然乎？

竊觀古今衛道藩籬者，在此則曰彼外道耳，在彼則曰此異端也。大而觀之，其猶貴賤偶人，經界太虚，是非日月之光也。是皆不悟自心之妙，而增益其戲論耳。蓋古之聖人無他，特悟心之妙者。一切言教，皆從妙悟心中流出，應機而示淺深者也，故曰「無不從此法界流，無不還此法界」。

是故吾人不悟自心，不知聖人之心；不知聖人之心，而擬聖人之言者，譬夫場人之欣戚，雖樂不樂，雖哀不哀，哀樂原不出於己有也。哀樂不出於己，而以己爲有者，吾於釋聖人之言者見之。

論心法

余幼，師孔不知孔，師老不知老；既壯，師佛不知佛。退而入於深山大澤，習静以觀心焉。由是而知「三界唯心，萬法唯識」。既唯心識觀，則一切形，心之影也；一切聲，心之響也。是則一切聖人，乃影之端者；一切言教，乃響之順者。由萬法唯心所現，故治世語言、資生業等，皆順正法，以心外無法，故法法皆真。迷者執之而不妙，若悟自心，則法無不妙。心法俱妙，唯聖者能之。

論去取

吾佛經盡出自西域，皆從翻譯。然經之來始於漢，至西晉方大盛。晉之譯師，獨稱羅什爲最，而什之徒生、肇、融、睿四公，僧之麟鳳也，而什得執役。然什於肇亦曰：「余解不謝子，文當相揖耳。」蓋肇尤善老莊焉。然佛經皆出金口所宣，而至此方則語多不類。一經而數譯者有之，以致淺識之疑，殊不知理實不差，文在譯人之巧拙耳。故藏經凡出什之手者，文皆雅致，以有四哲左右焉。

故法華理深辭密，曲盡其妙不在言；而維摩文勢宛莊語，其理自昭著。至於肇四論，則渾然無隙，非具正法眼者，斷斷難明。故惑者非之，以空宗、莊老孟浪之談宜矣。清涼觀國師，華嚴菩薩也。至疏華嚴每引肇論必曰肇公，尊之也。嘗竊論之，藉使肇見不正，則什何容在座？什眼不明，則譯何以稱尊？若肇論不經，則觀又何容口？古今質疑頗多，而概不及此，何哉？

至觀華嚴疏每引老莊語甚夥，則曰「取其文，不取其意」。圭峰則謂二氏不能原人，宗鏡辟之尤著。然上諸師，皆應身大士，建大法幢者，何去取相左如此？嘗試論之，抑各有所主也。蓋西域之語，質直無文，且多重複。而譯師之學不善兩方者，則文多鄙野，大爲理累。

蓋中國聖人之言，除五經束於世教，此外載道之言者，唯老一書而已。然老言古簡，深隱難明。發揮老氏之道者，唯莊一人而已。焦氏有言「老之有莊，猶孔之有孟」，斯言信之！然孔稱老氏「猶龍」，假孟而見莊，豈不北面耶？間嘗私謂中國去聖人即上下千古，負超世之見者，去老唯莊一人而已。載道之言廣大自在，除佛經，即諸子百氏究天人之學者，唯莊一書而已。藉令中國無此人，萬世之下不知有真人；中國無此書，萬世之下不知有妙論。

蓋吾佛法廣大微妙，譯者險辭以濟之，理必沉隱，如楞伽是已。是故什之所譯稱最者，以有四哲爲之輔佐故耳。觀師有言：「取其文，不取其意。」斯言有由矣。設或此方有過老莊之言者，肇必捨此而不顧矣。由是觀之，肇之經論用其文者，蓋肇宗法華，所謂善説法者，世諦語言、資生業等，皆順正法，乃深造實相者之所爲也。圭峰少而宗鏡遠之者，孔子作春秋，假天王之令而行賞罰，二師其操法王之權而行褒貶歟？清涼則渾融法界，無可無不可者，故取而不取，是各有所主也。

故余以法華見觀音三十二應，則曰「應以婆羅門身得度，即現其身而爲説法」。至於妙莊嚴二子則曰「汝父信受外道，深著婆羅門法」。且二子亦悔生此邪見之家。蓋此方老莊，即西域婆羅門類也。然此剛爲現身説法，旋即斥爲外道邪見，何也？蓋在著與不著耳。由觀音圓通無礙，則不妨現身説法；由妙莊深生執著，故爲外道邪見。是以聖人教人，但破其執，不破其法。是凡執著音聲色相者，非正見也。

論學問

余每見學者披閲經疏，忽撞引及子史之言者，如攔路虎，必驚怖不前。及教之親習，則曰「彼外家言耳」，掉頭弗顧。抑嘗見士君子爲莊子語者，必引佛語爲鑒，或一言有當，且曰「佛一大藏盡出於此」。嗟乎！是豈通達之謂耶？

質斯二者，學佛而不通百氏，不但不知世法，而亦不知佛法。解莊而謂盡佛經，不但不知佛意，而亦不知莊意。此其所以難明也。故曰「自大視細者不盡，自細視大者不明」。

余嘗以三事自勖曰：「不知春秋，不能涉世；不知老莊，不能忘世；不參禪，不能出世。」知此，可與言學矣。

論教乘

或問：「三教聖人本來一理，是果然乎？」

曰：若以「三界唯心，萬法唯識」而觀，不獨三教本來一理，無有一事一法，不從此心之所建立；若以平等法界而觀，不獨三聖本來一體，無有一人一物不是毗盧遮那海印三昧威神所現。故曰：「不壞相而緣起，染淨恒殊；不捨緣而即真，聖凡平等。」

但所施設，有圓融行布，人法權實之異耳。圓融者，一切諸法，但是一心，染淨融通，無障無礙；行布者，十界、五乘、五教理事因果，淺深不同。所言十界，謂四聖、六凡也；所言五教，謂小、始、終、頓、圓也；所言五乘，謂人、天、聲聞、緣覺、菩薩也，佛則最上一乘矣。

然此五乘，各有修進，因果階差，條然不紊。所言人者，即蓋載兩間，四海之内，君長所統者是已，原其所修，以五戒爲本；所言天者，即欲界諸天，帝釋所統，原其所修，以上品十善爲本；色界諸天，梵王所統，無色界諸天，空定所持，原其所修，上品十善，以有漏禪九次第定爲本。此二乃界内之因果也。所言聲聞所修，以四諦爲本；緣覺所修，以十二因緣爲本；菩薩所修，以六度爲本。此三乃界外之因果也。佛則圓悟一心，妙契三德，攝而爲一，故曰圓融；散而爲五，故曰行布。然此理趣，諸經備載。由是觀之，則五乘之法，皆是佛法；五乘之行，皆是佛行。良由衆生根器大小不同，故聖人設教淺深不一，無非應機施設，所謂「教不躐等」之意也。

由是證知：孔子，人乘之聖也，故奉天以治人；老子，天乘之聖也，故清浄無欲，離人而入天；聲聞、緣覺，超人天之聖也，故高超三界，遠越四生，棄人天而不入；菩薩，超二乘之聖也，出人天而入人天，故往來三界，救度四生，出真而入俗；佛則超聖凡之聖也，故能聖能凡，在天而天，在人而人，乃至異類分形，無往而不入。且夫能聖能凡者，豈聖凡所能哉？

據實而觀，則一切無非佛法，三教無非聖人。若人若法，統屬一心，若事若理，無障無礙，是名爲佛。故圓融不礙行布，十界森然；行布不礙圓融，一際平等。又何彼此之分，是非之辯哉？故曰：或邊地語説四諦，或隨俗語説四諦，蓋人天隨俗而説四諦者也。

原彼二聖，豈非吾佛密遣二人，而爲佛法前導者耶？斯則人法皆權耳。良由建化門頭，不壞因果之相；三教之學，皆防學者之心。緣淺以及深，由近以至遠。是以，孔子欲人不爲虎狼禽獸之行也，故以仁義禮智援之，姑使捨惡以從善，由物而入人，修先王之教，明賞罰之權。作春秋，以明治亂之迹，正人心，定上下，以立君臣父子之分，以定人倫之節。其法嚴，其教切，近人情而易行。但當人欲横流之際，故在彼汲汲猶難之。吾意中國非孔氏，而人不爲夷狄禽獸者幾希矣。雖然，孔氏之迹固然耳，其心豈盡然耶？况彼明言之曰「毋意、毋必、毋固、毋我」，觀其濟世之心，豈非據菩薩乘而説治世之法者耶？經稱「儒童」，良有以也。

而學者不見聖人之心，將謂其道如此而已矣。故執先王之迹，以挂功名，堅固我執，肆貪欲而爲生累，至操仁義而爲盜賊之資，啓攻鬬之禍者有之矣。故老氏愍之曰「斯尊聖用智之過也」，「若絶聖棄智，則民利百倍，剖斗折衡，則民不争矣」。甚矣！貪欲之害也。故曰「不見可欲，使心不亂」。故其爲教也，離欲清净，以静定持心，不事於物，澹泊無爲，此天之行也。使人學此，離人而入於天。

由其言深沉，學者難明，故得莊子起而大發揚之。因人之固執也深，故其言之也切。

至於誹堯舜、薄湯武，非大言也，「絶聖棄智」之謂也。治推上古，道越羲皇，非漫談也，甚言有爲之害也。詆訾孔子，非詆孔子，詆學孔子之迹者也。且非實言，乃破執之言也，故曰「寓言十九，重言十七」。訶教勸離，隳形泯智，意使離人入天，去貪欲之累故耳。至若精研世故，曲盡人情，破我執之牢關，去生人之大累，寓言曼衍，比事類辭，精切著明，微妙玄通，深不可識。此其説人天法，而具無礙之辯者也，非夫現婆羅門身而説法者耶？何其遊戲廣大之若此也！粃糠塵世，幻化死生，解脱物累，逍遥自在，其超世之量何如哉！

嘗謂五伯僭竊之餘，處士横議，充塞仁義之涂。若非孟氏起而大闢之，吾意天下後世左衽矣。當當群雄吞噬之劇，舉世顛瞑，亡生於物欲，火馳而不返者衆矣。若非此老崛起，攘臂其間，後世縱有高潔之士，將亦不知軒冕爲桎梏矣。均之濟世之功，又何如耶？

然其工夫由静定而入，其文字從三昧而出。後人以一曲之見而窺其人，以濁亂之心而讀其書，茫然不知所歸趣。苟不見其心而觀其言，宜乎驚怖而不入也。且彼亦曰「萬世之後，而一遇大聖知其解者，是旦暮遇之也」。然彼所求之大聖，非佛而又其誰耶！吾意彼爲吾佛破執之前矛，斯言信之矣。世人於彼尚不入，安能入於佛法乎？

論工夫

吾教五乘進修工夫，雖各事行不同，然其修心皆以止觀爲本。故吾教止觀有大乘，有小乘，有人天乘，四禪八定，九通明禪。

孔氏亦曰：「知止而後有定。」又曰：「自誠明。」此人乘止觀也。老子曰：「常無，欲以觀其妙；常有，欲以觀其徼。」又曰：「萬物並作，吾以觀其復。」莊子亦曰：「莫若以明。」又曰：「聖人不由，而照之於天。」又曰：「人莫鑑於流水，而鑑於止水。惟止，能止衆止也。」又曰：「大定持之」，至若「百骸九竅，賅而存焉，吾誰與爲親？」又曰：「咸其自取，怒者其誰耶？」至若黄帝之退居、顏子之心齋、丈人承蜩之喻、仲尼夢覺之論，此其静定工夫，舉皆釋形去智，離欲清淨。所謂「厭下苦粗障，欣上淨妙離」，冀去人而入天。按教所明，乃捨欲界生，而生初禪者，故曰「宇泰定者，發乎天光」。此天乘止觀也。

首楞嚴曰：「一切世間所修心人，愛染不生，無留欲界，是人應念身爲梵侶。」又曰：「欲習既除，離欲心現，是人應時能行梵德，名爲梵輔。」又曰：「清淨禁戒，加以明悟，是人應時能統梵衆，爲大梵王。」又曰：「此三勝流，一切煩惱所不能逼，雖非正修真三摩地，清淨心中，諸漏不動，名爲初禪。至於澄心不動，湛寂生光，倍倍增勝，以歷二三四禪。精見現前，陶鑄無礙，以至究竟群幾，窮色性性，入無邊際，名色究竟天。」此其證也。

由是觀之，老氏之學，若謂「大患莫若於有身」，故滅身以歸無；勞形莫先於有智，故釋智以淪虚。此則有似二乘。且出無佛世，觀化知無，有似獨覺。原其所宗，虚無自然，即屬外道；觀其慈悲救世之心，人天交歸，有無雙照，又似菩薩。蓋以權論，正所謂「現婆羅門身而説法」者；據實判之，乃人天乘精修梵行而入空定者是也。

所以能濟世者，以大梵天王爲娑婆主，統領世界，説十善法，救度衆生。據華嚴，地上菩薩爲大梵王，至其梵衆，皆實行天人，由人乘而修天行者，此其類也無疑矣。吾故曰：莊語純究天人之際，非孟浪之談也。

論行本

原夫即一心而現十界之像，是則四聖六凡，皆一心之影響也，豈獨人天爲然哉！究論修進階差，實自人乘而立，是知人爲凡聖之本也。故裴休有言曰：「鬼神沉幽愁之苦，鳥獸懷獝狖之悲，修羅方瞋，諸天耽樂；可以整心慮，趣菩提，唯人道爲能耳。」由是觀之，捨人道無以立佛法，非佛法無以盡一心，是則佛法以人道爲鎡基，人道以佛法爲究竟。故曰：「菩提所緣，緣苦衆生；若無衆生，則無菩提。」此之謂也。

所言人道者，乃君臣、父子、夫婦之間，民生日用之常也。假而君君臣臣、父父子子，不識不知，無貪無競，如幻化人，是爲諸上善人俱會一處，即此世界爲極樂之國矣，又何庸夫聖人哉！奈何人者，因愛欲而生、愛欲而死，其生死愛欲者，財、色、名、食、睡耳。由此五者，起貪愛之心，搆攻鬭之禍，以致君不君，臣不臣，父不父，子不子。雖先王之賞罰，不足以禁其心，適一己無厭之欲，以結未來無量之苦。是以吾佛愍之曰：「諸苦所因，貪欲爲本。若滅貪欲，無所依止。」故現身三界，與民同患，乃説離欲出苦之要道耳。且不居天上而乃生於人間者，正示十界因果之相，皆從人道建立也。

然既處人道，不可不知人道也。故吾佛聖人不從空生，而以淨梵爲父，摩耶爲母者，示有君親也；以耶輸爲妻，示有夫婦也；以羅侯爲子，示有父子也。且必捨父母而出家，非無君親也，割君親之愛也；棄國榮而不顧，示名利爲累也；擲妻子而遠之，示貪欲之害也；入深山而苦修，示離欲之行也。先習外道四徧處定，示離人而入天也；捨此而證正徧正覺之道者，示人天之行不足貴也。成佛之後，入王宫而舁父棺，上忉利而爲母説法，示佛道不捨孝道也；依人間而説法，示人道易趣菩提也；假王臣爲外護，示處世不越世法也。此吾大師示現度生之楷模，垂誡後世之弘範也。

嗟乎！吾人爲佛弟子，不知吾佛之心；處人間世，不知人倫之事。與之論佛法，則儱侗真如，瞞頇佛性；與之論世法，則觸事面牆，幾如檮昧；與之論教乘，則曰枝葉耳，不足尚也；與之言六度，則曰菩薩之行，非吾所敢爲也；與之言四諦，則曰彼小乘耳，不足爲也；與之言四禪八定，則曰彼外道所習耳，何足齒也；與之言人道，則茫不知君臣父子之分，仁義禮智之行也。嗟乎！吾人不知何物也。然而好高慕遠，動以口耳爲借資，竟不知吾佛救人出世，以離欲之行爲第一也，故曰：「離欲寂静，最爲第一。」

以余生人道，不越人乘，故幼師孔子；以知人欲爲諸苦本，志離欲行，故少師老莊；以觀「三界唯心，萬法唯識」，知十界唯心之影響也，故皈命佛。

論宗趣

老氏所宗虚無大道，即楞嚴所謂「晦昧爲空，八識精明」之體也。然吾人迷此，妙明一心而爲第八阿賴耶識，依此而有七識爲生死之根，六識爲造業之本，變起根身器界生死之相。是則十界聖凡，統皆不離此識，但有執破染浄之異耳。以欲界凡夫，不知六塵五欲境界，唯識所變，乃依六識分別，起貪愛心，固執不捨，造種種業，受種種苦，所謂人欲横流。

故孔子設仁義禮智教化爲隄防，使思無邪，姑捨惡而從善，至若定名分、正上下，然其道未離分别，即所言静定工夫，以唯識證之，斯乃斷前六識分别邪妄之思，以祛鬬諍之害；

而要歸所謂妙道者，乃以七識爲指歸之地，所謂生機道原，故曰「生生之謂易」是也。

至若老氏以虛無爲妙道，則曰「谷神不死」，又曰「死而不亡者壽」，又曰「生生者不生」，且其教以絶聖棄智、忘形去欲爲行，以無爲爲宗極，斯比孔則又進。觀生機深脈，破前六識分別之執，伏前七識生滅之機，而認八識精明之體，即楞嚴所謂「罔象虛無，微細精想」者，以爲妙道之源耳，故曰「惚兮恍，其中有象，恍兮惚，其中有物」。以其此識乃全體無明，觀之不透，故曰「杳杳冥冥，其中有精」；以其識體不思議熏、不思議變，故曰「玄之又玄」，而稱之曰「妙道」；以天地萬物皆從此中變現，故曰「天地之根，衆妙之門」；不知其所以然而然，故莊稱「自然」。且老乃中國之人也，未見佛法，而深觀至此，可謂捷疾利根矣。借使一見吾佛而印決之，豈不頓證真無生耶？吾意西涉流沙，豈無謂哉？

大段此識，深隱難測。當佛未出世時，西域九十六種，以六師爲宗，其所立論百什，至於得神通者甚多，其書又不止此方之老莊也。洎乎吾佛出世，靈山一會，英傑之士，皆彼六師之徒。且其見佛，不一言而悟，如良馬見鞭影而行，豈非昔之工夫有在！但邪執之心未忘，故今見佛，只在點化之間以破其執耳。故佛説法原無贅語，但就衆生所執之情，隨宜而擊破之，所謂「以楔出楔」者，本無實法與人也。至於楞嚴會上，微細披剥，次第徵辯，以破因緣自然之執，以斷凡夫外道二乘之疑。而看教者不審乎此，但云彼西域之人耳，此東土之人也。人有彼此，而佛性豈有二耶？且吾佛爲三界之師、四土之父，豈其説法止爲彼方之人，而此十萬里外，則絶無分耶？

然而一切衆生，皆依八識而有生死，堅固我執之情者，豈只彼方衆生有執，而此方衆生無之耶？是則此第八識，彼外道者，或執之爲冥諦，或執之爲自然，或執之爲因緣，或執之爲神我；即以定修心生於梵天，而執之爲五現涅槃，或窮空不歸，而入無色界天；伏前七識生機不動，進觀識性，至空無邊處、無所有處、以極非非想處。此乃界内修心，而未離識性者。故曰「學道之人不識真，只爲從前認識神。無量劫來生死本，癡人認作本來人」者，是也。

至於界外聲聞，已滅三界見思之惑，已斷三界生死之苦，已證無爲寂滅之樂。八識名字尚不知，而亦認爲涅槃，將謂究竟寧歸之地。且又親從佛教得度，猶費吾佛四十年彈訶淘汰之功。至於法華會上，猶懷疑佛之意，謂以小乘而見濟度，雖地上菩薩，登七地已，方捨此識，而猶異熟未空。

由是觀之，八識爲生死根本，豈淺淺哉？故曰：「一切世間諸修行人，不能得成無上菩提，乃至別成聲聞、緣覺，及成外道、諸天魔王及魔眷屬，皆由不知二種根本：一者無始生死根本，則汝今者與諸衆生，用攀緣心爲自性者；二者無始涅槃元清淨體，則汝今者識精元明，能生諸緣、緣所遺者。」正此之謂也。

噫！老氏生人間世，出無佛世，而能窮造化之原，深觀至此，即其精進工夫誠不易易；但未打破生死窠窟耳。古德嘗言：「孔助於戒，以其嚴於治身；老助於定，以其精於忘我。二聖之學，與佛相須而爲用。」豈徒然哉！據實而論，執孔者，涉因緣；執老者，墮自然。要皆未離識性，不能究竟一心故也。佛則離心意識，故曰：「本非因緣，非自然性，方徹一心之原耳。」此其世、出世法之分也。

佛所破，正不止此，即出世三乘，亦皆在其中。世人但見莊子誹堯舜、薄湯武、詆訾孔子之徒，以爲驚異。若聞世尊訶斥二乘以爲焦芽敗種、悲重菩薩以爲佛法闡提，又將何如耶？然而佛訶二乘，非訶二乘，訶執二乘之迹者，欲其捨小趣大也。所謂莊詆孔子，非詆孔子，詆學孔子之迹者，欲其絶聖棄智也。要皆遺情破執之謂也。若果情忘執謝，其將把臂而遊妙道之鄉矣。方且歡忻至樂之不暇，又何庸夫憒憒哉！

華嚴地上菩薩於塗灰事火、卧棘投鏃之儔，靡不現身其中，與之作師長也。苟非佛法，又何令彼入佛法哉？故彼六師之執幟，非佛不足以拔之，吾意老莊之大言，非佛法不足以證。向之信乎遊戲之談，雖老師宿學，不能自解免耳。今以唯心識觀，皆不出乎影響矣。

此論創意，蓋予居海上時。萬曆戊子冬，乞食王城，嘗與洞觀居士夜談所及，居士大爲撫掌。庚寅夏日，始命筆焉。藏之既久，向未拈出。甲午冬，隨緣王城，擬請益於弱侯焦太史，不果。明年乙未春，以弘法罹難，其草業已遺之海上矣，仍遺侍者往殘簡中搜得之。秋，蒙恩遣雷陽，達觀禪師由匡廬杖策候予於江上。冬十一月，予方渡江，晤師於旅泊庵，夜坐出此，師一讀三歎曰：「是足以祛長迷也。」即命弟子如奇刻之，以廣法施，予固止之。戊戌夏，予寓五羊時，與諸弟子結制壘壁間，爲衆演楞嚴宗旨，門人寶貴，見而歎喜，願竭力成之，以卒業焉。噫！欲識佛性義，當觀時節因緣，此區區片語，誠不足爲法門重輕。創意於十年之前，而克成於十年之後，作之於東海之東，而行之於南海之南，豈機緣偶會而然耶！道與時也，庸可强乎？然此，蓋因觀老莊而作也，故以名論。

萬曆戊戌除日憨山道人清書於楞伽室

（引自乾隆大藏經第一五六册憨山大師夢遊全集第四十五卷）

附録二　憨山老人自序年譜實録

嘉靖二十五年丙午

予姓蔡氏，父彦高。母洪氏，生平愛奉觀音大士。初，夢大士攜童子入門，母接而抱之，遂有娠。及誕，白衣重胞。是年十月己亥，十二日丙申，己丑時生也。

二十六年丁未　予周歲

風疾作，幾死。母禱大士，遂許捨出家。寄名於邑之長壽寺，遂易乳名和尚。

二十七年戊申　予二歲

常獨坐，不喜與兒戲。祖父常謂曰：「此兒如木樁。」

二十八年己酉

二十九年庚戌

三十年辛亥

三十一年壬子　予年七歲

叔父鍾愛之，父母送予入社學。一日叔父死，停於床。予歸，母紿之曰：「汝叔睡，可呼起。」乃呼數聲，嬸母感痛，乃哭曰：「天耶！那裏去也？」予愕然疑之，問母曰：「叔身在此，又往何處耶？」母曰：「汝叔死矣。」予曰：「死向甚麽處去？」遂切疑之。未幾，次嬸母舉一子。母往視，予隨之。見嬰兒如許大，乃問母曰：「此兒從何得入嬸母腹中耶？」母拍一掌云：「癡子！你從何入你娘腹中耶？」又切疑之。由是死去生來之疑，不能解於懷矣。

三十二年癸丑　予八歲

讀書，寄食於隔河之親家。母誡不許回，但經月歸一次。一日回，戀母不肯去。母怒，鞭之，趕於河邊，不肯登舟。母怒，提頂髻抛於河中，不顧而回。於時祖母見之，急呼救起，送至家。母曰：「此不才兒，不渰殺，留之何爲？」又打逐，略無留念。予是時私謂母心狠，自是不思家。母常隔河流淚，祖母罵之，母曰：「固當絶其愛，乃能讀書耳。」

三十三年甲寅　予九歲

讀書於寺中，聞僧念觀音經，能救世間苦，心大喜。因問僧求其本，潛讀之，即能誦。母奉觀音大士，每燒香禮拜，予必隨之。一日謂母曰：「觀音菩薩有經一卷。」母曰：「不知也。」予即爲母誦一過。母大喜曰：「汝何從得此耶？誦經聲亦似老和尚。」

三十四年乙卯　予十歲

母督課甚嚴，苦之。因問母曰：「讀書何爲？」母曰：「做官。」予曰：「做何等官？」母曰：「從小做起，有能可至宰相。」予曰：「做了宰相卻何如？」母曰：「罷。」予曰：「可惜一生辛苦，到頭罷了。做他何用？我想只該做個不罷的。」母曰：「似你不才子，祇可做個挂搭僧耳。」予曰：「何爲挂搭僧？有甚好處？」母曰：「僧是佛弟子，行徧天下，自由自在，隨處有供。」予曰：「做這個恰好。」母曰：「只恐汝無此福耳。」予曰：「何以要福？」母曰：「世上做狀元常有，出家做佛祖，豈常有耶？」予曰：「我有此福，恐母不能捨耳。」母曰：「汝若有此福，我即能捨。」私識之。

三十五年丙辰　予十一歲

偶見行脚僧數人，肩擔瓢笠而來。予問母：「此何人耶？」母曰：「挂搭僧也。」予私喜。視之，僧至，放擔倚樹，乃問訊化齋。母曰：「請坐。」急烹茶，具齋飯，甚恭敬。食罷，衆僧起，即荷擔，隻手一舉，母急避之曰：「勿謝。」僧徑去。予曰：「僧何無禮，飯齋不謝。」母曰：「謝則無福矣。」予私曰：「是僧之所以高也。」切念之，遂發出家之志，苦無方便路耳。

三十六年丁巳　予年十二

讀書通文義，鄉族咸愛重之。居常不樂俗，父爲定親，立止之。一日，聞京僧言：「報恩西林大和尚，有大德。」予心即欲往從之，白父，父不聽。白母，母曰：「養子從其志，第聽其成就耳。」乃送之。是歲十月至寺，太師翁一見喜曰：「此兒骨氣不凡，若爲一俗僧，可惜也。我第延師教讀書，看其成就何如。」時無極大師，初開講於寺之三藏殿，祖翁攜往謁。適趙大洲在，一見喜曰：「此兒當爲人天師也。」乃撫之，問曰：「汝愛做官，要作佛？」予應聲曰：「要作佛。」趙公曰：「此兒不可輕視，當善教之。」及聽講，雖不知言何事，然心憤憤若有知而不能達者。時雪浪恩兄長予一歲，先一年依大師出家，見予相視而嘻，時人以爲同胞云。江南開講佛法，自無極大師始；少年入佛法者，自雪浪始。

三十七年戊午　予十三歲

初，太師祖擇諸孫有學行者俊公爲予師，先授法華經，四月成誦。

三十八年己未　予年十四

流通諸經，皆能誦。太師翁曰：「此兒可教，不可誤之也。」遂延師能文者教之。

三十九年庚申　予年十五

太師翁乃請先生，教習舉子業。初即試其可教，乃令四書一齊讀。是年多病。

四十年辛酉　予年十六

是歲四書完，背之首尾不遺一字。

四十一年壬戌　予年十七

是歲講四書，讀易並時藝，及古文辭、詩賦，即能詩述文，一時童子推無過者。

四十二年癸亥　予年十八

時督學使者專講道學，以童生爲歌童，動隨數十，逐隊而歌，亦有因之而倖進者。予大恥之，遂欲棄所業。是歲以病辭不入館。

四十三年甲子　予年十九

同會諸友，皆取捷。有勸予往試者。時雲谷大師，正法眼也，住棲霞山中。太師翁久供養，往來必款留旬月，予執侍甚勤。適雲大師出山，聞有勸予之言，恐有去意，大師力開示出世參禪，悟明心地之妙。歷數傳燈諸祖及高僧傳，命予取看。予檢書笥，得中峰廣録，讀之未終軸，乃大快。歎曰：「此予心之所悦也。」遂決志做出世事，即請祖翁披剃，盡焚棄所習，專意參究一事。未得其要，乃專心念佛，日夜不斷。未幾，一夕夢中見阿彌陀佛，現身立於空中，當日落處，睹其面目光相，了了分明。予接足禮，哀戀無已，復願見觀音、勢至二菩薩，即現半身。自此，時時三聖炳然在目，自信修行可辦也。

是年冬，本寺禪堂建道場，請無極大師講華嚴玄談，予即從受具戒，隨聽講至十玄門、海印森羅常住處，恍然了悟法界圓融無盡之旨。切慕清涼之爲人，因自命其字曰澄印。請正，大師曰：「汝志入此法門耶？」因見清涼山有冬積堅冰，夏仍飛雪，曾無炎暑，故號清涼之語。自此行住冰雪之境，居然在目。矢志願住其中，凡事無一可心者，離世之念，無刻忘之矣。

四十四年乙丑　予年二十

是歲正月十六日，太師翁入寂。師翁於前年除日，畢集諸眷屬曰：「吾年八十有三，旦暮行矣。我度弟子八十余人，無一持我業者。」乃撫予背曰：「此子我望其成人，今不能矣。是雖年幼，有老成之見。我死後，房門大小事，皆取決之，勿以小而易之也。」衆唏嘘受命。新歲七日，師翁具衣徧巡寮，各辭別，衆咸訝之。又三日，即屬後事，示微疾，舉藥不肯進。乃曰：「吾行矣！藥奚爲？」乃集衆念佛五晝夜，手提念珠，予擁於懷，端然而逝。以師翁生平持金剛經，臨終亦不輟也。太師翁爲報恩官住三十年，居方丈，及入滅，至三月十八日而方丈火，衆皆歎異。

是年冬十月，雲谷大師建禪期於天界，集海内名德五十三人，開坐禪法門。大師極力扳予往從，少師翁聽之，乃得預會。初，不知用心之訣，甚苦之，乃拈香請益。大師開示，審實念佛公案。從此參究，一念不移，三月之内，如在夢中，了不見有大衆，亦不知有日用事。一衆皆以予爲有志。

初，不數日，以用心太急，忽發背疽，紅腫甚巨。大師甚難之。予搭袈裟，哀切懇禱於韋馱前曰：「此必冤業索命債耳。願誦華嚴經十部，告假三月以完禪期，後當償之。」至後夜，倦極，上禪床則熟睡，開静亦不知。及起，則忘之矣。天明，大師問：「恙何如？」予曰：「無恙也。」及視之，已平復矣。一衆驚歎。是故得完一期。

及出，亦如未離禪座時，即行市中，如不見一人，時皆以爲異。江南從來不知禪，而開創禪道，自雲谷大師始。少年僧之習禪者，獨予一人。時寺僧服飾皆從俗，多豔色，予盡棄所習衣服，獨覓一衲被之，見者以爲怪。

四十五年丙寅　予年二十一

自禪期出，是年二月十八日午時，大雨如傾盆，忽大雷自塔而下，火發於塔殿，不移時大殿焚。至申酉時，則各殿畫廊一百四十餘間，悉爲煨燼。時予少祖爲住持，及奏聞，旨下法司，連逮同事者十八人。合寺僧恐株連，各各逃避，而寺執事僧無可與計事者。予挺身力救，躬負鹽菜，送獄中以供之。寺至刑部相去二十里，往來不倦者三月。且多方調護，諸在事者竟免死。

時與雪浪恩公，俱決興復之志。且曰：「此大事因緣，非具大福德智慧者未易也。你我當拌命修行，以待時可也。」是時即發遠遊志。頃之，少祖尋入滅，太祖之房門無支持者。

先是，太師翁入滅，無儲畜，喪事皆取貸不資，故多欠負，即析居，知必不能保。予思太師翁遺命，乃設法盡償其負貸，餘者分諸弟子，各執業，房門竟以存。

是年冬，從無極大師聽法華經於天界寺。因志遠遊，每察方僧，求可以爲侶者，久之，竟未得。一日見後架精潔，思浄頭必非常人，乃訪之。及見，特一黄腫病僧，每早起，事已悉辦，不知何時洒埽也。予故不寐，竊經行廊下偵之。當衆方放參時，即已收拾畢矣。又數日見不潔，乃不見其人。問之，執事曰：「浄頭病於客房也。」予往視，其狀不堪，問曰：「師安否？」曰：「業障身病已難支，饞病更難當。」予問：「何故？」曰：「每見行齋食，恨不俱放下。」予笑曰：「此久病思食耳。」是知其人真。因料理果餅，袖往視之。問其號，曰「妙峰」，爲蒲州人，予即相期結伴同遊。後數日，再視之，則不見。予心知其人，恐以予累，故潛行耳。

隆慶改元丁卯　予年二十二

特舉虚谷忠公爲寺住持，以救傾頽。比爲回禄事，常住負貸將千金，皆經予手，衆計無所處。予設法，定限三年，盡償之。是年奉部檄本寺設義學，教僧徒，請予爲教師，授業行童一百五十餘人。予因是復視左史、諸子、古文辭。

二年戊辰　予年二十三

是年謝館事，復館於高座，以房門之累然也。

三年己巳　予年二十四

是年金山聘館，居一年。

四年庚午　予年二十五

是年仍應金山聘。

五年辛未　予年二十六

予以本寺回禄，決興復之志，將修行以養道待時。是年遂欲遠遊，始同雪浪恩兄遊廬山，至南康，聞山多虎亂，不敢登。遂乘風至吉安，遊青原，見寺廢，僧皆蓄髮，慨然有興復之志。乃言於當道，選年四十以下者盡剃之，得四十餘人。夏自青原歸，料理本師業，安頓得宜。冬十一月，即一鉢遠遊。將北行時，雪浪止予：「恐不能禁苦寒，姑從吴越，多佳山水，可遊目耳。」予曰：「吾人習氣，戀戀軟煖，必至不可施之地，乃易制也。若吴越，枕席間耳。」遂一鉢長往。

六年壬申　予年二十七

初至揚州，大雪阻之，且病之久之，乞食於市，不能入門。自忖何故？急自省曰：「以腰纏少有銀二錢，可恃耳。」乃見雪中僧道，行乞不得者，即盡邀於飲店，以銀投之，一餐而畢。明日上街，入一二門，乃能呼，遂得食。因自喜曰：「吾力足輕萬鍾矣。」銘其鉢曰「輕萬鍾之具」，銘其衲曰「輕天下之具」，乃爲之銘曰：「爾委我以形，我託爾以心。然一身固因之而足，萬物實以之而輕。方將曳長風之袖，披白雲之襟。其舉也若鴻鵠之翼，其逸也若潛龍之鱗。逍遥宇宙，去住山林。又奚衒夫朱紫之麗？唯取尚乎霜雪之所不能侵。」

是年秋七月，至京師，無投足之地，行乞竟日，不能得。日暮，至西太平倉茶棚，僅一餐，投宿河漕遺教寺。明日左司馬汪公伯玉知予至，乃邀之，以與次公仲淹爲社友故耳，因得寓所。旬日，即謁摩訶忠法師，隨往西山，聽妙宗鈔有西山懷恩兄詩，期罷摩訶留過冬，聽法華、唯識，請安法師爲説因明三支比量。

十一月，妙峰師訪予至。師長鬚髮，衣褐衣。先報云：「有鹽客相訪。」及入門，師即問：「還認得麽？」予熟視之，見師兩目，忽記爲昔天界痾浄頭也。乃曰：「認得。」師曰：「改頭换面了也。」予曰：「本來面目自在。」相與一笑。不暇言其他，第問所寓，曰「龍華」。明日過訊，夜坐，乃問其狀：「何以如此？」師曰：「以久住山，故髮長未翦。適以檀越山陰殿下，修一梵宇，命請内藏，故來耳。」問予狀，乃曰：「特來尋師，且以觀光輦轂，一參知識，以絶他日妄想耳。」師曰：「别來無時不思念，將謂無緣。今幸來，某願伴行乞，爲前驅打狗耳。」竟夕之談，遲明一笑而别。

即往參徧融大師，禮拜乞和尚指示。師無語，唯直視之而已。參笑岩師，師問：「何處來？」予曰：「南方來。」師曰：「記得來時路否？」曰：「一過便休。」師曰：「子卻來處分明。」予作禮，侍立請益，師開示向上數語而別。

萬曆元年癸酉　予年二十八

春正月，往遊五臺。先求清涼傳，按迹遊之。至北臺，見有憨山，因問其山何在，僧指之，果奇秀，默取爲號，詩以志之，有「遮莫從人去，聊將此息機」之句。以不禁冰雪苦寒，遂不能留。復入京東遊，行乞至槃山，於千象峪石室，見一僧不語，予亦不問，即相與拾薪汲水行乞。汪司馬以書訪之，曰：「恐公作東郊餓夫也。」及秋，復入京，以嶺南歐楨伯先數年未面寄書，今爲國博，急欲見予，故歸耳。

二年甲戌　予年二十九

春，遊京西山。當代名士，若二王、二汪及南海歐楨伯，一時俱集都下。一日，訪王長公鳳洲，相見，以予少年易之，予傲然賓主。公即諄諄教以作詩法，予瞠目視之，竟無一言而別。公不懌，乃對次公麟洲言之。明日次公來訪，一見即曰：「夜來家兄失卻一隻眼。」予曰：「公具隻眼否？」公拱曰：「小子相見了也。」相與大笑。歸謂其兄曰：「阿哥輸卻維摩了也。」因以詩贈予，有「可知王逸少，名理讓支公」之句。

一日，汪次公與予同居，看左傳，因謂予曰：「公天資特異，大有文章氣概。家伯子當代文宗也，何不執業，以成一家之名乎？」予笑而唾曰：「留取老兄膝頭，他日拜老僧，受西來意也。」次公大不悦，歸告司馬公，公曰：「信哉！予觀印公道骨，他日當入大慧、中峰之室，是肯以區區文字爲哉？第恐浮遊爲誤耳！」見予與次公扇頭詩，有「身世蜩雙翼，乾坤馬一毛」之句，乃示次公曰：「此豈文字僧耶！」他日，特設齋請予，與妙師同坐。公謂予曰：「禪門寥落，大可憂，小子切念之！觀公器度，將來成就不小。何以浪遊爲？」予曰：「貧道特爲大事因緣，參訪知識。今第遊目當代人物，以了他日妄想耳，非浪遊也。」且將行矣，公曰：「信然！予觀方今無可爲公之師者，若無妙峰，則無友矣。」予曰：「昔已物色於衆中，曾結同參之盟，故北來相尋，不意偶遇於此。」公曰：「異哉！二公若果行，小子願津之。」時妙師取藏經回，司馬公因送勘合二道，又爲文以送予。

一日，公速予至，問曰：「妙峰行矣，公何不見別？」予曰：「姑徐行。」公曰：「予知公不欲隨人脚跟轉耳。殊大不然，古人不羞小節，而恥功名不顯於天下。但願公他日做出法門一段光明事業，又何以區區較去就哉？」予感而拜謝，遂決行。即往視妙師，已載乘矣。見予至，問曰：「師行乎？」曰：「行矣。」即登車，未别一人而去。

秋八月，渡孟津，見武王觀兵處，有詩吊之曰：「片石荒碑倚岸頭，當年曾此會諸侯。

王綱直使同天地，應共黄河不斷流。」過夷齊扣馬地，吊曰：「棄國遺榮意已深，空餘古廟柏森森。首陽山色清如許，猶是當年扣馬心。」遂入少林謁初祖。時大千潤宗師初入院，予訪之，未遇。出山觀洛陽古城焚經臺、白馬寺，即追妙師。

九月，至河東，會山陰至，遂留結冬。時太守陳公，延妙師及予，意甚勤。爲刻肇論中吴集解，予校閲。向於不遷論「旋嵐偃嶽」之旨不明，切懷疑久矣。今及之，猶罔然。至梵志自幼出家，白首而歸，鄰人見之曰：「昔人猶在耶？」志曰：「吾似昔人，非昔人也。」恍然了悟曰：「信乎！諸法本無去來也。」即下禪床禮佛，則無起動相，揭簾立階前，忽風吹庭樹，飛葉滿空，則了無動相，曰「此旋嵐偃嶽而長静也」。至後出遺，則了無流相，曰「此江河競注而不流也」。於是去來生死之疑，從此冰釋。乃有偈曰：「死生晝夜，水流花謝。今日乃知，鼻孔向下。」明日，妙師相見，喜曰：「師何所得耶？」予曰：「夜來見河邊兩個鐵牛相鬭入水去也，至今絶消息。」師笑曰：「且喜有住山本錢矣。」

未幾，山陰請牛山法光禪師至，予久慕之，相見喜得坐參也。與語機相契，請益，開示以「離心意識參，出凡聖路學」，深得其旨。每見師談論出聲，如天鼓音。是時予知悟明心地者，出詞吐氣果别也，深服膺其人。一日袋中搜得予詩，讀之，歎曰：「此等佳句，何自而得耶！」復笑曰：「佳則佳矣，那一竅欠通在。」予曰：「和尚那一竅通否？」師曰：「三十年拿龍捉虎，今日草中走出兔子來，下一跳。」予曰：「和尚不是拿龍捉虎手。」師拈拄杖才要打，予即把住，以手捋其鬚曰：「説是兔子，恰是蝦蟆。」師一笑休去。

師一日曰：「公不必他往，願同老伏牛，是所望也。」予曰：「觀師佛法機辯，不減大慧，見居常似有風顛態，吟哦手口無停時，謂何？」師曰：「此我禪病也。初發悟時，偈語如流，日夜不絶，自是不能止，遂成病耳。」予曰：「此病初發時，何以治之？」師曰：「此病一發，若自看不破，須得大手眼人痛打一頓，令其熟睡，覺時則自然消滅矣。我初恨其無毒手耳。」

歲暮，師知予新正即往五臺，乃以詩送之，有「雲中獅子騎來看，洞裏潛龍放去休」之句。問曰：「公知否？」予曰：「不知。」師曰：「要公不可捉死蛇耳。」予頷之。向來禪道，久無師匠，及見光師，始知有宗門作略。

山陰國主問予二親在，乃贈二百金爲終養資。予謝曰：「貧道初行脚，自救不了，又安敢累二親乎？」因讓致光師。

三年乙亥　予年三十

正月，自河東同妙師上五臺，過平陽，師之故鄉也。師以少貧，值歲饑，父母死，葬無殮具，至是山陰與一二當道助之。予爲卜高敞地爲合葬，作墓誌。師俗姓續，居平陽東郭，蓋春秋續鞠居之後也。太守胡公號順庵，東萊人，聞予至寓城外，欲一見不可得。及予行，公送郵符，予曰：「道人行脚有草屨耳，焉用此？」公益重。及予行，公後追之，至靈石，乃見。同至會城，留語數日，差役送至臺山。

於二月望日，寓塔院寺，大方主人爲卜居北臺之龍門，最幽峻處也。以三月三日，於雪堆中撥出老屋數椽以居之。時見萬山冰雪，儼然夙慕之境，身心洒然，如入極樂國。未幾，妙峰往遊夜臺，予獨住此，單提一念，人來不語，目之而已。久之，視人如杌，直至一字不識之地。初，以大風時作，萬竅怒號，冰消澗水，衝激奔騰如雷，静中聞有聲如千軍萬馬出兵之狀，甚以爲喧擾。因問妙師，師曰：「境自心生，非從外來。聞古人云『三十年聞水聲，不轉意根，當證觀音圓通』。」

溪上有獨木橋，予日日坐立其上，初則水聲宛然，久之動念即聞，不動即不聞。一日坐橋上，忽然忘身，則音聲寂然，自此衆響皆寂，不復爲擾矣。予日食麥麸和野菜，以合米爲飲湯送之。初，人送米三斗，半載尚有餘。一日粥罷經行，忽立定，不見身心，唯一大光明藏，圓滿湛寂，如大圓鏡，山河大地，影現其中；及覺則朗然，自覓身心，了不可得。即説偈曰：「瞥然一念狂心歇，内外根塵俱洞徹。翻身觸破太虚空，萬象森羅從起滅。」自此内外湛然，無復音聲色相爲障礙。從前疑會，當下頓消，及視釜已生塵矣。以獨一無侶，故不知久近耳。

是年夏，雪浪兄北來看予，至臺山，不禁其凄楚。信宿而别。冬，結一板屋以居。

四年丙子　予年三十一

春三月，蓮池大師遊五臺，過訪，留數日，夜對談心甚契。是年予發悟後，無人請益，乃展楞伽印證。初，未聞講此經，全不解義。故今但以現量照之，少起心識，即不容思量。如是者八閲月，則全經旨趣，了然無疑。

秋七月，平陽太守胡公，轉雁平兵備，入山相訪。静室中，唯餐燕麥、䭔䭀野菜齏耳。時下方正酷熱，駿從到澗中敲冰嚼之。公見曰：「别是一世界也。吾到此，世念如此冰耳。」

是年冬十月，塔院主人大方被誣訟，本道擬配遞還俗，叢林幾廢。廬山徹空禪師來，與予同居，適見其事，大苦之。予曰：「無傷也。」遂躬謁胡公，冒大雪往。及見，胡公欣然曰：「正思山中大雪難禁，已作書遣迎。師適來，誠所感也。」然竟解釋主人，道場以全。固留過冬，朝夕問道，爲説緒言。開府高公移鎮代郡，聞予在署中，乃謂胡公云：「家有園亭，多題詠，欲求高人一詩。」胡公諾之，對予言。予曰：「我胸中無一字，焉能爲詩乎？」力拒之。胡公乃取古今詩集，置几上，發予詩思。予偶揭之，方構思，忽機一動，則詩句迅速，不可遏捺。胡公出堂回，則已落筆二三十首矣。予忽覺之曰：「此文字習氣魔也。」即止之，取一首以塞白。然機不可止，不覺從前所習詩書、辭賦，凡曾入目者，一時現前，逼塞虛空，即通身是口，亦不能盡吐。更不知何爲我之身心也。默之自視，將欲飛舉之狀，無奈之何。明日，胡公送高公去，予獨坐思之曰：「此正法光禪師所謂禪病也。今在此中，誰能爲我治之者？」無已，獨有熟睡可消。遂閉門强卧。初甚不能，久之坐忘如睡，童子敲門不開，椎之不應。胡公歸，亟問之，乃令破窗入，見予擁衲端坐，呼之不應，撼之不動。先是，書室中設佛供案，有擊子。胡公拈之，問曰：「此物何用？」予曰：「西域僧入定，不能覺。以此鳴之，即覺矣。」公忽憶之，曰：「師入定耶！」疾取擊子，耳邊鳴數十聲，予始微微醒覺，開眼視之，則不知身在何處也。公曰：「我行，師即閉門坐。今五日矣。」予曰：「不知也，第一息耳。」言畢，默坐諦觀，竟不知此是何所，亦不知從何入來。及回觀山中，及一往行脚，一一皆夢中事耳，求之而不得。則向之偏空擾擾者，如雨散雲收，長空若洗，皆寂然了無影像矣。心空境寂，其樂無喻。乃曰：「静極光通達，寂照含虛空。卻來觀世間，猶如夢中事。」佛語真不吾欺也。

歲暮，擬新正還山，乃爲胡公言，臺山林木苦被姦商砍伐，菩薩道場將童童不毛矣。公爲具疏題請，大禁之。自後，國家修建諸刹，皆仗所禁之林木，否則無所取材矣。

五年丁丑　予三十二歲

春，自雁門歸。因思父母罔極之恩，且念於法多障。因見南嶽思大師發願文，遂發心刺血泥金，寫大方廣佛華嚴經一部，上結般若勝緣，下酬罔極之恩。以是年春創意。先是，慈聖聖母以保國選僧誦經，予僭列名。至是，上聞書經，即賜金紙以助。明年四月，書經起。徹空師遊匡山，有詩十首送之。

六年戊寅　予年三十三

刻意書經，無論點畫大小，每落一筆，念佛一聲。遊山僧俗至者，必令行者通説。予雖手不輟書，然不失應對。凡問訊者，必與談數語。其高人故舊，必延坐禪床，對談不失，亦不妨書。對本臨之，亦不錯落。每日如常，略無一毫動静之相。鄰近諸老宿竊以爲異，率數衆來驗，故意攪擾。及書罷，讀之良信。因問妙師曰：「印師何能如此耶？」妙師曰：「吾友入此三昧純熟耳。」

予自住山至書經，屢有嘉夢。初，一夕宿，入金剛窟，石門榜大般若寺。及入，則見廣大如空，殿宇樓閣，莊嚴無比。正殿中唯大床座，見清涼大師倚卧床上，妙師侍立於左。予急趨入，禮拜立右。聞大師開示：初入法界圓融觀境，謂佛刹互入、主伴交參，往來不動之相，隨説其境，即現睹於目前。自知身心交參涉入。示畢，妙師問曰：「此何境界？」大師笑曰：「無境界境界。」及覺後，自見心境融徹，無復疑礙。

又一夕，夢自身履空上升，高高無極，落下則見十方迥無所有，唯地平如鏡，琉璃瑩徹，遠望唯一廣大樓閣，閣量如空。閣中盡世間所有人物事業，乃至最小市井鄙事，皆包其中，往來無外。閣中設一高座，紫赤焰色，予心謂金剛寶座，其閣莊嚴，妙嚴不可思議。予歡喜欲近，心中思惟：如何清淨界中，有此雜穢耶？才作此念，其閣即遠。尋復自思曰「淨穢自我心生耳」，其閣即近。頃之，見座前侍列衆僧，身量高大，端嚴無比。忽有一少年比丘，從座後出，捧經一卷而下。授予曰：「和尚即說此經，特命授汝。」予接之，展視乃金書梵字不識也，遂懷之。因問：「和尚爲誰？」曰：「彌勒。」予喜，隨比丘而上，至閣陛，瞑目斂念而立。忽聞磬聲，開目視之，則見彌勒已登座矣。予即瞻禮，仰視其面，晃耀紫金色，世無可比者。禮畢，自念：今者特爲我說，則我爲當機。遂長跪取卷展之。聞其說曰：「分別是識，無分別是智。依識染，依智淨。染有生死，淨無諸佛。」至此則身心忽然如夢，但聞空中音聲歷歷，開明心地，不存一字。及覺，恍然言猶在耳也。自此識智之分，了然心目矣。且知所至，乃兜率天彌勒樓閣耳。

又一夕，夢僧來報云：「北臺頂文殊菩薩設浴，請赴。」隨至，則入一廣大殿堂，香氣充滿。侍者皆梵僧，即引至浴室。解衣入浴，見有一人，先在池中，視之爲女子也。予心惡不欲入，其池中人故泛其形，則知爲男也。乃入共浴，其人以手戽水澆予，從頭而下，灌入五內，如洗肉桶，五臟一一蕩滌無遺，止存一皮，如琉璃籠，洞然透徹。時則池中人呼茶，見一梵僧，擎髑髏半邊如剖瓜狀，視之腦髓淋漓，心甚厭之。其僧乃以手指剜取示予曰：「此不净耶？」即入口啖之。如是隨取隨啖，其甘如飴，腦已食盡，唯存血水。其池中人曰：「可與之。」僧乃授予，予接而飲之，其味如甘露也，飲而下透身毛孔一横流。飲畢，梵僧搓背，大拍一掌，予即覺。時則通身汗流如水，五內洞然。自此身心如洗，輕快無喻矣。如是者，吉兆居多。總之皆與諸聖酬酢，常聞佛言，常有是好夢。

七年己卯　予年三十四

是年秋，京都建大慈壽寺完。初，聖母爲薦，先帝保聖躬，欲於五臺修塔院寺舍利寶塔。諭執政，以爲臺山去京寫遠，遂卜附京吉地，建大慈壽寺，是年工完，覆奏。聖母以爲未滿臺山之願，諭皇上仍遣内官帶夫匠三千人來山修造。是時，朝廷初作佛事，内官初遣於外，恐不能卒業，有傷法門，予力調護，始終無恙。

八年庚辰　予年三十五

是年特旨天下清丈田糧，寸土不遺。臺山從來未入版額，該縣姦人蒙蔽，欲飛額糧五百石於臺山，屢行文查報地土，合山叢林静室，無一人可安者，自此臺山爲狐窟矣！諸山耆舊集，白予，予安之曰：「諸師第無憂，緩圖之。」予於是宛轉設法，具白當道，竟免清丈，未加升合，臺山道場遂以全。

九年辛巳　予年三十六

是年建無遮會。初，妙師亦刺血書華嚴經，與予同願，欲建一圓滿道場，名無遮會。妙師募化，錢糧畢集，京中請大德僧五百衆，其道場事宜俱備。適皇上有旨祈皇嗣，遣官於武當，聖母遣官於五臺，即於本寺。予以爲沙門所作一切佛事，無非爲國祝釐，陰翊皇度，今祈皇儲，乃爲國之本也，莫大於此者。願將所營道場事宜，一切盡歸併於求儲一事，不可爲區區一己之名也。妙師意不解，上遣内使亦不解事，但以阿附爲心。予大不然，乃力争忤之，竟從予議。頃之，江南妖人作難，忌者即欲借此中傷，以破道場。然以爲國求儲之題目，竟保全，始終無虞。

是年修塔成，予即以金書華嚴經安置塔藏，有願文一卷。予自募造華藏世界轉輪藏成，爲建道場於内，應用供具器物、齋糧、果品一切所需。妙師在京若罔知，皆予一力經營，九十晝夜，目不交睫。及十月臨期，妙師率所請五百餘僧，一日畢集，内外千人，其安居、供具、茶飯、齋食，條然不失不亂，亦不知所從出，觀者莫不駭然。初，開啓水陸佛事七晝夜，予七日之内，粒米不糝，但飲水而已，然應事不缺。供諸佛菩薩，每日换供五百桌，次第不失，不知所從來。觀者以爲神運，予亦自知佛力加被也。

十年壬午　予三十七歲

是春三月，講華嚴玄談，百日之内，常住上牌一千衆，十方雲集僧俗，每日不下萬衆。一食如坐一堂，不雜不亂，不聞傳呼剥啄之聲，皆予一人指揮，餘無措目者，智者不知所以然也。生平精力，蓋竭於此。三月會罷，盡庫内所餘，一應錢糧，約可萬計，盡行封付本寺主者，以爲常住。予與妙師一鉢飄然長往矣。妙師往蘆芽，予以疾往真定障石岩調養。作詩一首，有「削壁摩天應隘日，斷崖無路只飛梯」之句。

是年八月，皇子生。予復之京西中峰寺，作重刻中峰廣録序。結冬，水齋於石室。

十一年癸未　予年三十八

春正月，水齋畢。然以臺山虚聲，謂大名之下，難以久居，遂蹈東海之上，始易號憨山，時則不復知有澄印矣。始，予爲本寺回禄，志在興復，故修行以約緣。然居臺山八年，頗有機會，恐遠失時，故隱居東海，此本心也。

夏四月八日，至牢山。初，妙師别時，以予不能獨行，乃命法屬、德宗爲侍者。予初因閲華嚴疏菩薩住處品云：「東海有處名那羅延窟，從昔以來，諸菩薩衆於中止住。」清涼疏云：「梵語那羅延，此云堅牢，即東海之牢山也。禹貢青州登萊之境，今有窟存焉。」予因慕之，遂特訪至牢山，果得其處。蓋不可居，乃探山南之最深處，背負衆山，面吞大海，極爲奇絕，信非人間世也。地名觀音庵，蓋古刹也，唯廢基存焉。考之，乃元初七真出於東方，假世祖威福，多占佛寺，改爲道院。及世祖西征回，僧奏聞，多命恢復。唯牢山僻居海上，故未及之耳。予喜其地幽僻，真逃人絕世之所，志願居之。初，掩片席於樹下七閱月，後得土人張大心居士，爲誅茅結廬以居。入山期年，人無往來，心甚樂也。時即墨靈山寺，有桂峰法師，一方眼目也，喜得相與。

十二年甲申　予年三十九

秋七月，聖母以五臺祈嗣之勞，訪求主事三人，乃大方、妙峰與予也。二師已至，受賜，獨訪予不得。因力求之，乃命舊主人龍華寺住持瑞庵親訪之。公知予在海上，乃杖策而至，具宣慈旨。某懇謝曰：「倘蒙聖恩容老山海，受賜多矣。又何求其他！」公覆報，聖意不已，尋卜地建寺於西山，隨遣内使至，期以必往，予竟謝不就。中使回報以居山堅卧之志，聖意憐之，問無房舍，即發三千金，仍遣前使送至，以修庵居。及至，予力止之曰：「我茅屋數椽，有餘樂矣。何用多爲？」使者强之，不敢復命。予曰：「古人有矯詔濟饑之事，今山東歲凶，何不廣聖慈於饑民乎？」乃令僧領來，使徧散各府之僧道、孤老、獄囚，各取所司印册繳報，聖情大悦，感歎不已。及後予罹難，下鎮撫，鞫予數用内帑金，予對以請查内庫支籍，上查止此濟饑一事，餘無一毫，上意竟解。

十三年乙酉　予年四十

東人從來不知僧，予居山中，則黄氏族最大，諸子漸漸親近。方今所云外道羅清者，乃山下之城陽人，外道生長地。故其教偏行東方，絶不知有三寶。予居此，漸漸攝化。久之，凡爲彼師長者，率衆來歸。自此始知有佛法，乃予開創之始也。

十四年丙戌　予年四十一

是年頒藏經。先國初刻藏，有此方撰述諸經未入藏者，今上聖母命補入之。刻完，皇上敕頒十五藏，散施天下名山。首以四部施四邊境：東海牢山、南海普陀、西蜀峨嵋、北邊蘆芽。時，聖母以臺山因緣，且數召予不至，賜亦不受，乃以藏經一部，首送東海。初未知也，及至牢山，無可安頓，撫按行所在有司供奉。予見有敕命，乃詣京謝恩。比蒙聖慈，命合眷各出布施，修寺安供，請命名曰海印寺。予在京，聞達觀禪師訪予於海上，即趨歸。兼程追之，值師出山，尋即同回，盤桓兩旬。贈予詩有「閑來居海上，名誤落山東」之句。

是年冬十一月，予自辛巳以來，率多勞動，未得寧止，故多疲倦。至今禪室初就，始得安居，身心放下，其樂無喻。一夕静坐夜起，見海湛空澄，雪月交光，忽然身心世界，當下平沉，如空華影落，洞然壹大光明藏，了無一物。即説偈曰：「海湛空澄雪月光，此中凡聖絶行藏。金剛眼突空華落，大地都歸寂滅場。」即歸室中，取楞嚴印正，開卷即見「汝身汝心，外及山河虚空大地，咸是妙明真心中物」，則全經觀境，了然心目。隨命筆述楞嚴懸鏡一卷，燭才半枝，已就。時禪堂方開静，即唤維那入室，爲予讀之，自亦如聞夢語也。

十五年丁亥　予年四十二

是年修造殿宇，始開堂爲衆説戒。自是四方衲子日益至，爲居士作心經直説。是年秋，胡中丞公請告歸田，攜其親之子送出家，爲侍者，命名福善。

十六年戊子　予年四十三

時學人讀予楞嚴懸鏡，請曰：「此經心觀具明，第未全消文字，恐後學不易入。願字字消歸觀心，則莫大之法施也。」予始創意述通議，已立大旨，然猶未屬稿。

十七年己丑　予年四十四

是年閲藏，爲衆講法華經、起信論。予自别五臺，時有省親之心，且恐落世諦也，姑自驗之。一夕静坐，忽開眼有偈曰：「煙波日日浸寒空，魚鳥同遊一鏡中。昨夜忽沉天外月，孤明應自混驪龍。」乃急呼侍者曰：「吾今可歸故鄉見二老矣！」

先是，爲報恩寺乞請大藏經一部，冬十月至京請藏，上即命送賫行，十一月至龍江本寺，寶塔放光連日。及迎經之日，塔光如橋，向北迎經，僧自光中行。及安經建道場，光相日日不絶。瞻禮者日萬餘人，以爲稀有之瑞。

老母聞予至，先遣人候問何日到家，予曰：「我爲朝廷事，非爲家也。若老母能相見，歡喜如未別時，止可信宿，否則我不歸矣。」老母聞之曰：「再生相見，歡喜不了，那更有悲？一面即可，况兩宿耶！」及予歸，老母相見，欣然絶倒，予大以爲異。及夜坐，族中長者問從船來陸來？老母應聲曰：「何問從船來陸來？」問者曰：「從何處來？」老母曰：「從空中來。」予驚曰：「怪得當時老婆子能捨我也！」因問老母曰：「別後想我否？」母曰：「安得不想？」予曰：「母何以自遣？」母曰：「始而不知，既知爾在五臺，因問師家：『五臺在何處？』曰：『在北斗之下，即令郎住處也。』我自此夜禮北斗，稱菩薩名，則不復想矣。今謂你死，則不拜亦絶想矣。今見爾，乃化身來也。」予明日祭祖塋，爲二親卜得葬穴，時老父已八十。予戲曰：「今日活埋老子，省他日又來也。」予把钁斫地。老母奪之曰：「老婆婆自埋入，何煩人！」連斫數十下。三日告別，老母歡然如故，未嘗蹙眉。予始知老母非尋常也。

即墨有黄生納善字子光者，乃今大司公之弟也。初，予至海上時，年十九歲，即歸依請益。授以楞嚴，二月成誦，從此齋素。雖父母責之，不異其心，切志參究，脅不至席。時予南歸，光私念曰：「吾生邊地，長劫不聞三寶名。今幸遇大善知識，爲不請友，倘不回，吾輩失依怙矣。」乃對觀音大士破臂然燈供養，求大士保予早歸。自後火瘡發痛，日夜危坐，持觀音大士名號，三月乃愈。愈時見瘡痕結一大士像，眉目身衣宛然如畫，即其母妻亦未知也。恒求出家，予絕不聽，乃曰：「弟子打個筋斗來，師又何能止我乎？」是知篋戾車地未嘗斷佛種也。

初，予以重修本寺，志居臺山，事已有機，但以動至數十萬計未易言，故待時於海上。至是機將熟，乃借送大藏因緣回南都，具得本寺始末。回，覆命具奏聖母，且云：「工大費鉅難輕舉，願乞聖母日減膳羞百兩，積之三年事可舉，十年工可成。」聖情大悦，即命於是年十二月儲積始。

十八年庚寅　予年四十五

是年殿宇成，春，爲聖母代書法華經。時有鄉宦欲謀道場者，乃搆方外黄冠，假稱占彼道院，聚集多人，訟於撫院。開府李公先具悉其事，痛恨之，下送萊州府，窮治其狀。予親聽理，力救之，無賴數百衆作哄於府城，有匡人之圍。時有隨侍二人，予斥之他往，乃獨徐行其中。爲首一人持銅牌，有利刃出其鞘，鼓舞予前，欲殺予。予笑視之曰：「爾殺人何以自處？」其人氣索，即收牌刀，圍行城外二里許，將分路。狂衆疑彼爲首者有利於予，即欲毆之。予默計，彼衆一鼓，則其人危矣，奈何！乃躊躇將別，即拉住首者，同至寓處。閉門解衣，磅礴談笑自若，取瓜果共噉之。時滿市喧云：「方士殺僧矣！」太守聞之，即遣多役並捕之。彼衆惶懼，皆叩首求解免。予曰：「勿懼亦勿辯，第聽予言何如耳。」及至，太守問曰：「狂徒殺僧耶！」予曰：「未也。來捕時，僧方與彼爲首者同食瓜果耳。」守曰：「何以作哄？」予曰：「市喧耳！」太守欲枷彼，予曰：「將欲散之，枷則固拘之也。」太守悟，乃令地方盡驅之，狂衆不三日盡行解散。由是此事遂寧。

是歲作觀老莊影響論。

十九年辛卯　予年四十六歲

是年聖母造檀香毗盧佛像，建大殿。

是年秋，門人黄子光坐脱。

二十年壬辰　予年四十七

是年秋七月，予至京訪達觀禪師於上方。晉時有琬公，慮三災壞劫無佛法，乃刻石經藏石室。其塔院爲僧所賣，師贖之，欲得予作記。予適至，師大喜。及見，即同過石經山，乃爲作琬公塔院記，及重藏舍利記，並前所作有海印稿。時與達師相對盤桓四十晝夜，爲生平之奇。

二十一年癸巳　予年四十八

是年山東大饑，死者載道。山中所儲齋糧，盡分賑近山之民。不足，又乘便舟至遼東羅豆數百石以濟之。由是邊山四社之民無一饑死者。

二十二年甲午　予年四十九

是年春三月，山東開府鄭崑崖公入山見訪問法，爲説方便語。

冬十月，入賀聖節，至京，留過歲，請説戒於慈壽寺。

時予以修本寺因緣，知聖母儲已厚，乃請舉事。時上以倭犯朝鮮，方議往討，姑徐徐，乃寢。

二十三年乙未　予年五十

春正月，予從京師回海上，即罹難。初，爲欽頒藏經，遣内使四送之，其人先至東海。先是，上惜財，素惡内使以佛事請用太煩。時内庭偶以他故觸聖怒，將及聖母，左右大臣危之。適内權責有忌送經使者，欲死之，因乘之以發難。遂假前方士流言，令東廠番役扮道士，擊登聞鼓以進。上覽之，大怒，下逮，以有送經因緣，故並及之。

予聞報，乃謂衆曰：「佛爲一衆生，不捨三途。今東海蔑戾車地，素不聞三寶名。今予教化十二年，三歲赤子皆知念佛，至若捨邪歸正者，比鄉比户也。予願足矣，死復何憾！第以重修本寺志未酬，可痛心耳。」乃離即墨，城中士民老小傾城而出，涕泣追送，足見人心之感化也。

及至京，奉旨下鎮撫司打問。執事者先受風旨，欲盡招追向聖母所出諸名山施資，不下數十萬計。苦刑拷訊，予曰：「某愧爲僧，無以報國恩，今安惜一死，以傷皇上之大孝乎？即曲意妄招綱利，奉上意以損綱常，殊非臣子所以愛君之心也。其如青史何？」以死力抵之，止招前衆布施七百餘金。上查内支簿，及前山東代賑之册籍，上意遂解，由是母子如初。及擬，上蒙聖恩矜察，坐以私創寺院，遣戍雷州。

予以是年三月下獄，京城諸刹，皆爲誦經禮懺保護。衲子中有然香煉臂，水齋持咒，以加護之者。安肅鄭大司馬范溪公子，在金吾，素未相識，特設燕，會在朝縉紳請救，以至涕泣，訴其無妄。一時人心之爲法如此。在獄八閲月，供饋者唯侍者福善一人。

冬十月，發遣南行。朝士大夫，多褻服策蹇相送以津濟者。出都日，福善同衲子二三人隨行，十一月至南京。江上別老母，作母子銘，攜孤侄可久往。

初，與達觀師於石經山，因思禪門寥落，謂曹溪禪源也，必源頭壅閼，乃志同往以浚之。達師先往侯於匡山，予被難時，師正居天池。聞報大驚曰：「憨公已矣，則曹溪之願未了也！」師遂先至曹溪，回至聊城。聞予將出，遂回金陵以待。予至，則相別於江中旅泊庵中，師意欲力爲白其枉。予曰：「君父之命，臣子之事無異也，況定業乎？師幸勿言。」臨岐把臂曰：「在天池聞師難，即對佛許誦法華經百部，以保無虞。我之心，師之舌也。」予唯唯謝別，師爲作逐客説。

二十四年丙申　予年五十一

春正月，過文江，訪鄒南皋給諫。廬陵大行王性海禮予江上，請注楞伽。二月度庾嶺，至嶺頭，觀惠明奪袈裟處。詩吊之，有「翻思昔日宵行者，何似今朝度嶺心」。因見道路崎嶇，行人汗血，乃屬一行者，立捨茶庵於嶺頭，一道者勸修路，不數年爲坦途。

至韶陽，入山禮祖，飲曹溪水。偈曰：「曹溪滴水自靈源，流入滄溟浪拍天。多少魚龍從變化，源頭一脈尚泠然。」見祖庭凋弊不堪言，遂淒然而去。抵五羊，因服見大將軍，將軍爲釋縛，款齋食。

寓海珠寺，大參周海門公率門生數十人過訪。坐間，周公舉「通乎晝夜之道而知」發問。衆中有一稱老道長者，答云：「人人知覺，日間應事時是如此知，夜間做夢時亦是此知，故曰『通乎晝夜之道而知』。」周公云：「大衆也都是這等説。我心中未必然。」乃問予曰：「老禪師請見教。」予曰：「此語出何典？」公曰：「易之繫辭。」公連念幾句。予曰：「此聖人指示人，要悟不屬生死的一著。」周公擊節曰：「直是老禪師，指示親切。」衆皆罔然。再問，周公曰：「死生者，晝夜之道也。通晝夜，則不屬晝夜耳。」一座歎服。

先是，諸護法者以書通制府大司馬陳公，遣郵符津濟。三月十日抵雷州，著伍，寓城西之古寺。夏四月一日，即開手注楞伽。時歲大饑，疫癘橫發，經年不雨，死傷不可言。予如坐尸陀林中，以法力加持，晏然也。時旱，井水枯凋，唯善侍者相從，每夜半，候得水一罐，以充一日。饑夫視之，得一滴，如天甘露也。城之内外，積骸暴露。秋七月，予與孝廉柯時復，勸衆收拾，埋掩骴骼以萬計，乃作濟度道場，天即大雨，平地水三尺，自此癘氣解。

八月，鎮府檄還五羊，寓演武場，時往來作從軍詩二十首。初，過雷白之苦藤，嶺盜之門户也，乃作銘，建捨茶庵。豫章丁大叅右武以誣謫廣海，至，素相慕，遂莫逆。

二十五年丁酉　予年五十二

春正月，時會城死傷多，骸骨暴露。予令人收拾，埋掩亦數千計，乃建普濟道場七晝夜，丁右武身爲之佐。先是，粤人不知佛，自此翕然知歸。夏四月，楞伽筆記成。因諸士子有歸依者，未入佛理，故著中庸直指以發之。

初，上下見予爲罪僧，甚易之。軍門陳大司馬如岡，法極嚴，無敢私謁者，予未往見，即遣人候之甚勤。是年九月，同右武往謁，及門投報，止之。是晚親往拜予於舟，攜茶盒坐談，漏三下，人皆驚異。後對諸當道極稱之曰：「僧中麟鳳也。」即三司，亦諭往拜之，自是人皆知僧爲重矣。

二十六年戊戌　予年五十三

春正月，侍御樊公友軒，以建儲議謫戍雷州，初訪予於五羊。時予校楞伽稿，公問予：「雷陽風景何如？」予拈經卷示之曰：「此雷陽風景也。」公歎異，即爲疏募刻。

海門周公任粤臬時，問道往來。因攝南韶，屬修曹溪志。粤士子向不知佛，適周公闡陽明之學，乃集諸子，問道於予。有龍生璋者，聞予議論，心異之，歸謂其友王生安舜、馮生昌曆曰：「聞北來禪師説法甚奇。」二子俱來請益，予開示以向上事，諦信不疑，切志參究。二生素有德業，相率歸依，日益衆。自是始知有佛、法、僧矣。此後法化大開，三生之力也。

每憶達師許經之願，其夏始搆禪堂於壘壁間，將擬大慧冠巾説法，乃集遠來法侣，並法性寺菩提樹下諸弟子，通岸、超逸、通炯等數十人，誦法華經，爲衆講之。至現寶塔品，恍悟佛意要指：娑婆人人目前即華藏也。然須三變者，特爲劣根，漸示一班耳。古人以後六品率爲流通，亦未見佛意耳，遂著法華擊節。

右武性急烈，負慷慨，知敬僧，而不知佛法。將歸，予送之舟中，重下鉗鎚，公翻然大悟，乃字之曰「覺非居士」，示之以銘，又作澄心銘以警之。

二十七年己亥　予年五十四

春，刻楞伽筆記成，爲衆講一過。乃印百餘部，徧致海内法門知識，並護法宰官，且令知予處患難中，未忘佛事耳。

粵俗固好殺，遇中元，皆以殺生祭先。至時，市積牲如積薪，甚慘也。予因作盂蘭盆會，講孝衡鈔，勸是日齋僧放生，用蔬祭，從者甚衆。自後凡喪祭大事，父母壽日，或祈禳，皆拜懺放生齋素。未幾，則放生會在在有之，爲佛法轉化之一機也。

是年夏五月，制府大司馬陳公移鎮會城。初下車，未拜一鄉宦，乃先遣候予。頃之，命取食器一百餘件，俱最精者，門下皆不知何用。及設齋請予，特出新器，人人皆知其所重如此。未幾，請告歸。是年秋，摧使四出，地方自此日多事。

惠州楊少宰復所公，往與予有法門深契，久以憂歸，今秋乃訪之。至之日，公已卒於塋所，詰朝將入山，公靈已至城矣。予即往視殮，爲求棺槨。

值潮陽道，觀察任公陪，直指於惠陽，請遊西湖，登東坡白鶴峰而歸，歸即欲掩關卻埽矣。

二十八年庚子　予年五十五

時榷使初出，狠戾暴横，官民不堪，地方震蕩。加以倭警，人心惶惶。予即散諸弟子，閉關絶迹。

粵人素苦閩海之白艚運米，恐騰貴也，時以爲亂。新軍門閩人也，公子舟次海上，適大將軍請告將行，税使正畜意侵之。偶有白艚數隻，即藉口以大將軍爲公子資行者，嗾市，民大哄，頃刻聚數千人，投磚石，打公子舟幾破。圍帥府，持戈相向甚急。時三司府縣皆赴軍門行節禮，會城無一正官，卒無解救者，勢變在呼吸也。大將軍危之無已，乃命中軍詣予關前求解。予甚不可曰：「無神術也。」中軍跪泣曰：「師即不念兵主，豈不念地方生靈乎？」予聞之惕然，遂破關往謁稅使者，從容勸化，開曉其意。使者聞予言果悟，乃令自行招安，以散亂民。予先往，大言於衆曰：「諸君今所爲，欲食賤米耳。今犯大法，當取死，即有賤米，誰食之耶？」衆聞之愕然，頃令至帥府，圍即解。會城遂以寧。父老感予，欲尸祝之。時三司正在軍門飯，聞報民作亂，皆投箸而起。及回，業已安堵，然皆知予之力也。觀察任公聞之，乃以書抵予曰：「憨山不出，其如地方何？憨山既出，其如憨山何？」予亦自知此後無寧日矣。

是年秋，南韶道祝公延予入曹溪。予乘輿遂入山，爲六祖奴郎。新制府戴公知予安亂民，深德之，意欲一見。諭大將軍，將予往謁。及見，禮遇甚優，留款齋飯，因辭往曹溪。公遂願爲護法，予是得安心焉。

二十九年辛丑　予年五十六

春正月，予見曹溪，四方流棍，集於山門，開張屠沽，穢汙之甚，積弊百餘年矣。墳墓卒占祖山，僧産多侵之，且勾合外棍，挾騙寺僧，無敢正視者。予歎曰：「此心腹之疾也！苟不去，則六祖道場終將化爲狐窟，卒莫可救矣！予縱居此何爲哉？」熟慮之，無已，乃往白制臺戴公。公曰：「無難也，予試爲公力行之。」即下令本縣坐守，限三日内，盡行驅逐，不留一人，鋪居盡拆，不存片瓦。自此曹溪山門，積垢一旦如洗。公因留予齋飯坐談，公曰：「六祖腥膻予爲公洗之矣。目前地方生靈塗炭，大菩薩有何慈悲以救之乎？」予曰：「何爲也？」公曰：「珠船千艘，率皆海上巨盜。今以欽採資之以勢，罷採之日不歸，横行海上，劫掠無已，法不能禁，此其一也；地方開礦，採役暴横，掘人之墓，破人之産，在在百姓受其毒害，甚於劫掠，由是民無安枕矣！爲之奈何？」予曰：「此未易言也。姑徐圖之。」採使者李公，頗有信心。是年秋，至曹溪進香於六祖，留山中數日，聞法甚喜。予因勸爲重興祖庭布金，檀越慨然力荷之。徐密啓之曰：「開採爲害於地方甚矣，非聖天子意也。採船急設約束期，往來過限以罪。礦罷開採，盡撤其差役。第令所司，歲額助解進，秋毫無擾於民。可乎？」採使唯唯，力行之，由是山海地方，一旦遂以寧。公深感之，以書謝予曰：「而今乃知佛祖慈悲之廣大也。」以此護法之心益切，予因是得以安心曹溪。

是年秋，開闢祖庭，改風水道路，選僧受戒，立義學，作養沙彌，設庫司清規，查租課，贖僧産，歸侵占。一歲之間，百廢具舉。

三十年壬寅　予年五十七

是年重修祖殿，培後龍，改路徑，以屠肆爲十方旦過寮，闢神道，移僧居，拓禪堂，創立規制。

三十一年癸卯　予年五十八

冬十一月，達觀禪師在京師遭妖書之厄，逮下獄訊。以爲予之故，因此又及之。予心知不克，安心以待。荷聖恩寬之，京院有通行。

是年侍者深光出家。

三十二年甲辰　予年五十九

春正月，以達師之故，通行至按院。檄予還戍所，遂去曹溪，往雷州。因憶達師云：「楞嚴説七趣因果，世書無對解者。」予曰：「春秋乃明明因果之書也。」遂著春秋左氏心法。

三十三年乙巳　予年六十

春三月，渡瓊海，訪東坡桄榔庵、白龍泉，求覺范禪師遺迹，不可得。寓明昌塔院，作春秋左氏心法序。遊名山，作瓊海探奇記、金粟泉記。夜望郡城，索然若無人煙，唯城西郭少有生氣。予因謂諸士子曰：「瓊城將有災，急禳之。」人以爲妄。及予渡海方半月，地大震，城東壁連門陷，城中官舍盡傾塌，明昌塔倒壓，予所居樓盡碎。予行時，士大夫苦留之，予不肯止。若不行，則亦爲灰粉矣！月夜渡海，觀瓊之勝概，予以爲仙都，乃十洲之一云。

夏四月，制府檄予回五羊，秋七月至曹溪。去時祖殿已拆，修造工未止，歸則完者十之六七，所負工料將千金，毫無出。予化兩内使者施，盡償之。是年，修五羊長春庵，爲曹溪廨院，爲六祖辦供之所。

冬十月，侍者廣益、廣攝出家。

三十四年丙午　予年六十一

春三月，度嶺至南州，候丁右武，謝張相國洪陽公。以予在難時，公居亞相，知予之難，始末最詳，相與一時力救之。予心感焉，故往謝。公欣然道故，請予齋於江上之閑雲樓，邀諸鄉友陪坐。公曰：「人皆知憨公爲僧中一大善知識，不知大有社稷陰功也。」衆聞之，悚然問公，公言其概，一座動色。

回過文江，訪鄒給諫。留數日。至章貢，陳二師將軍留署中，病期月，有卧病詩十二首。歸曹溪。

秋八月，皇長孫生，有恩赦：凡在戍老疾及詿誤者，俱聽辯明釋放。予在例，乃往告軍門，准行勘復。之雷州道，勘明應赦，按察司類造候題，遂開。

三十五年丁未　予年六十二

春三月，予告回籍，軍門檄韶州，安置曹溪。予住山中時，得爲諸弟子説法，是年注道德經成。

予幼讀老子，以文古意幽，切究其旨，有所得，俗弟子請爲之注。始於壬辰屬意，每參究透徹，方落筆；苟一字有疑而不通者，决不輕放。因此用功十五年。攜於行間，至今方完。

三十六年戊申　予年六十三

議修曹溪大殿。春二月，馮元成公任嶺西道，因訪予，入山宿。夜夢大士現身，有感。詰朝殿禮佛，至大士前，見兩棟摧朽，驚謂予曰：「何不修此？」予曰：「工大費多，力不及耳。」問費幾何，予應以若干。公曰：「無難也。吾試爲之。」歸白制府戴公，公曰：「殆哉！見孺子將入井，必匍匐往救之。況佛菩薩處此危地，不動心，非人也。」乃詰所費，即以予言告。公曰：「猶未也。」即屬南韶道，往勘估計，且令請予面議。予往見之，公慨然欲獨爲鼎建。予告曰：「若勞公家之費，恐不便。苟依法門故事，請以募衆爲之。公屬嶺西道，爲疏十二簿，三司、道府，各置一扇。隨意施捨，總會於府，解歸於一，無庸歸僧。如此則不勞而易集。」公從之，不期月而集將千金。予躬往西粤，采大木至端州，制府留修寶月臺，乃别委官采辦。冬，寶月臺成，予作記。材木俱積於端江之滸，次第運之。冬十一月初，安南賊破欽州，戴公請王師遠討，因覈論罷。

三十七年己酉　予年六十四

春二月，予自端江運木回，阻風於羚羊峽，遊端溪，有夢遊端溪記。木運至蒙江，予回寺，方集衆經營，衆中一二不肖者，遂作孽抵牾，因鼓衆爲亂如叛民。予見而歎曰：「此予重違佛教，乃著相之過也。」衆方鼓噪，予獨坐堂上，焚香誦金剛般若。以前但誦文，實不解義，至是恍然有悟，乃注金剛決疑。稿成，衆寂然。不肖者不信，予心益危懼，遂訟於按院，准行司理。予是時即飄然出山聽理，船居於芙蓉江上者二年，資斧已竭。别駕項公楚東，抱關於浛洸，邀予往。江行遭風破舟，及至，復大病，幾死，公延醫力救之。及回郡，乃卧病於旅邸，將期年。

三十八年庚戌　予年六十五

是年卧病旅邸，秋七月，直指按部至郡，訊及予，司理聞之，方爲理，反坐予罪。直指大不然，駁之云：「某有大功於六祖，向所捨爲常住計者，今姦僧得利，而反罪之，是謂平等法門乎？」復行本道嚴究之，由是本府親詣山中，按僧之所開狀，逐款審之，盡妄言無當。所誣侵常住八千餘金，予初立常住庫司清規，置有號票，凡一應錢穀收支，有監寺書記，秋毫出入，皆執號票爲據，不妄發也。至是，當官研覈查算，以號票爲準，無分毫及予者。時上下内外方信予之不妄也，事乃白。當道重怒其僧，再三請予留住山中。予心已厭倦，力辭之，寓五羊之長春庵。

三十九年辛亥　予年六十六

春三月，居端州鼎湖山養痾。初，奉赦候題，向無按院覆命，故延至今。復奉重勘明，始注銷，聽自便。時諸士子相依請益，述大學決疑。

四十年壬子　予年六十七

居長春庵，爲弟子講起信論、八識規矩，乃述百法直解，以法華擊節文義聯絡不分，學者難會，乃著品節。

四十一年癸丑　予年六十八

居長春庵。夏，爲諸弟子講圓覺經方半，即發背疽，醫不能治，幾危。大將軍漢沖王公，業爲予治後事。粤人梁杏山者，酒人也，素以醫瘍名，偶至，視之曰：「甚矣！少遲則莫救矣！幸安心，無傷也。」乃純采草藥以敷之，隨手奏效，猶如弄丸，刻期取效，至冬乃痊。予爲文以謝之。此疽蓋自初坐禪時所發，知是冤債，以誦華嚴經告假者。每向於書寫、讀誦華嚴則竊發，隨禱而止，即至粤中，已兩舉不成，患在身四十八年矣。初起時偶忘之，且不知爲疽，遂成大疾，其冤業酬償，蓋以身試之不爽也。十月疾愈。

初，與衡陽曾儀部金簡，有南嶽休老之盟，書以十數，未能也。今以書來請，遂杖策而往，乃去粵。初，予至粵時，法性弟子相從者數十，久之漸零落，唯通炯、超逸，風波患難疾病相從，未離左右。今將行，皆不捨，願從之。炯尚有羈，少遲之，擔簦以從。是年十一月至湖東。先是，弟子福善攜侍者深光北歸探親，至是不數日，亦追至。

四十二年甲寅　予年六十九

春正月，遊德山禮祖，有詩四首。訪馮元成公於武陵，會龍參知朱陵，受榮王齋。大善寺衆僧請受戒，馮公與諸同道各捐資，修曇花精舍。夏四月還湖東，聞聖母賓天，隨建報恩道場。有恩詔，乃對靈龕披剃謝恩，還僧服。因痛哭曰：「悲哉！檀越往矣，本寺之願已矣。豈待再來耶？」

楞嚴經自東海立意著通議，久蘊於懷，未暇述。今夏五月方落筆，五十日稿遂成。十一月精舍成，有山居詩。度侍者慈力。

四十三年乙卯　予年七十

春，爲衆講楞嚴通議。夏四月著法華通義，以雖有二節，全文尚未融貫，故重述之，五十日稿成，纂起信略疏。

秋八月遊南嶽，中秋日登祝融。秋九月，馮公自武陵移守湖南，陪遊方廣寺。回巡道吳公生白，過訪湖東，談及楞嚴，吳公大喜，即與諸屬捐資刻之。禮八十八祖道影，吳公大讚歎，乃命畫士臨小像册，請予各爲傳贊。馮公赴任未幾，即請予遊九疑。冬十月至零陵，留過冬於愚溪。

四十四年丙辰　予年七十一

春正月，歸自零陵。方遺民從宦遊歸，依於湖東，命名福心。更初，達觀禪師入滅之次年，予弟子大義請靈龕回南，緇白弟子奉供於徑山之寂照庵，今一紀矣。予難忘法門之義，向欲親往一吊，故香亦未遺也。適聞葬，必欲一往。將行，花藥寺衆僧請齋，爲續法系。遊梅雪堂，吊遜庵宗師。

夏四月離湖東，有去南嶽解嘲詩。鄺慕一、方遺民、何仲益諸子，送至樟木市。五月至武昌，會段給諫幻然，禮大佛，遊九峰。六月至潯陽，遊東林，有懷古詩。登匡廬，吊徹空禪師。避暑於金竹坪，注肇論，因見其山幽勝，有歸隱之意，徧覽無可居者。

七月遊歸宗，登金輪峰，禮舍利塔，有詩。有僧以五乳相送爲静室，予登覽，觀其地不廣，而其境頗幽，遂受之。江州邢來慈居士，達師之弟子也。願爲布金檀越，故予有投老之意焉。浮梁陳大參赤石公至山相訪，聞予有意匡山，亦願爲護法。秋八月，出山至黄梅，禮四、五祖。訪汪司馬公，入紫雲山留旬日，汪公願作匡山建造檀越。别去相城，訪吴太史觀我、吴中丞本如。欲建如意庵以留。遊浮山，截江登九華。

十月初抵金沙，于王合族與東禪浪崖耀公迎之居。頃即之雙徑，石門顔生之居士。候迎於吴江，乃過其家。士備齋資以隨行，長至月望，至寂照。十九日，爲達大師作茶毗佛事，先爲文以祭之。預定是日無爽，識者異之。二十五日，手拾靈骨，藏於文殊臺，弟子法鎧隨建塔，予爲塔上之銘，以盡生平法門之義焉。遂留度歲。時爲禪堂衲子小參，有參禪切要，鎧公請益相宗，爲述性相通説，諸請益者各説有法語，作擔板歌。粤弟子通岸先別，獨超益同諸子福善，法孫深光、廣益、廣攝慈伴行。

四十五年丁巳　予年七十二歲

春正月，下雙徑，吊雲棲。時緇白弟子千餘人久候於山中，留二旬，每夜小參，聞法各各歡喜。發揮蓮池大師生平密行，弟子聞之，至有涕泣，謂予發人所不知者，乃請作塔銘。回時，玄津法師壑公，同通郡宰官居士金中丞、虞吏部、翁大參諸公，請留淨慈之宗鏡堂，日繞數千指，爲説大戒，作宗鏡堂記。諸山各路名德法師，俱集於湖上問法，各申詰難。時謂東南法會之最勝，昔所未見也。乃遊靈隱、三竺、西山諸名勝，贊揚放生三池，乃行。城中宰官居士，具舟放生，餞別於湖上，且具狀請留雲棲，乃有三年之約，遂行。凡一過所經諸作，玄津壑公、譚生孟煦，彙爲東遊集四卷，刻之。回至吴門，巢松、一雨二法師請入花山，遊天池、玄墓、鐵山諸勝。寒山趙凡夫、嚴天池、徐仲容、姚孟長、文文起、徐清之諸居士設供於山中，馮元成、申玄渚二宰官齋於家。將行，弟子洞聞、漢月久候，錢太史受之，親迎至常熟，遂至虞山信宿。太史送至曲河。賀知忍父子侄候於奔牛之三里庵，請留園中結夏，力辭之。送至京口，受三山緇白齋罷，即返匡山。

五月一日，過白下江上一宿，見一二故人，即揚帆而西。五日至蕪湖，劉繕部玉受款留，作異夢記説。崔吏部鶴樓追晤江上。五月十六日，舟次星渚，抵歸宗。寓居未幾，時汪司馬公業先具資，爲予修静室。六月十五日，弟子福善經營五乳開土，於十月終始成一室，乃得安居。爲衆講楞嚴、起信。弟子超逸閉死關於金輪峰。

四十六年戊午　予年七十三

是年修佛殿禪堂。三月，浮梁陳赤石公入山，結中素鮑公、我齋夏公爲十友，助修造資。冬十二月殿堂成。

四十七年己未　予年七十四

春正月，粤弟子通炯至，遂開堂啓諷華嚴長期，爲衆講法華、楞嚴、金剛、起信、唯識諸經論，命炯首衆。秋七月，以五乳爲十方養老常住。八月望，予閉關謝事，效遠公六時刻香代漏，專心浄業。每念華嚴一宗將失傳，清涼疏鈔皆懼其繁廣，心智不及，故世多置之，但宗合論，因思清涼乃此方撰述之祖，苟棄之，則失其宗矣。志欲但明疏文，提挈大旨，使觀者易了，題曰綱要，於關中批閲筆削始。冬，於關中爲衆講楞伽、起信。

四十八年庚申（即泰昌元年）　予年七十五

春課餘，侍者廣益請重述起信、圓覺、直解、莊子内七篇注。夏，病足痛。前任分巡衡陽吴公轉粵臬，入曹溪禮祖，託山中弟子寄乞諸祖傳贊。予病中爲纂傳七十一首，各系以贊，親爲書之。

初，予去曹溪，之南嶽，住匡山業已八年，而曹溪衆僧深思予歸。堂主本昂等往來問訊十數，欲請之而未能也。吴公赴任，便道入山，見予重興之功，嗟歎久之。衆僧因具白所以思予歸請不能之狀，吴公欣然爲作護法，即具書往請。合山大衆，及本省鄉縉紳居士，同具狀，昂同一二三耆舊至匡山哀乞。予時以病謝。

天啓元年辛酉　予年七十六

春，弟子侍御王安舜入山問訊。夏，爲衆請講楞伽。時前任本道祝公，亦轉粵海道，同吴公具書再至。予又以病謝。是年冬，又爲衆講楞伽、肇論、起信。

天啓二年壬戌　予年七十七

春正月，粵弟子孝廉劉起相、陳迪祥、陳迪純、梁四相入山問訊。起相與四相相伴山中住半載，爲講楞嚴、起信、金剛。二月，東吴弟子方遠隨至，同作休老計。

秋七月，王侍御復入山，親請歸曹溪，不諾。時力提華嚴名綱要草就。吴公朝覲回，又遺書，意更切。韶陽太守張公特書，專堂主昂至，予情不獲已，意必一往。於是年冬至月十日，出匡山，過螺江，會太史蕭拙修、劉詔也、劉轉華、馬季房、曾堯臣、賀可上、鄒端侯諸居士，過虔城江上，會寧都蘇孝先、魏觀期諸君，齋於江上，有詩贈别。度嶺過集龍庵，會劉敬一諸故人。十二月望入曹溪，合山僧衆，羅列香花如獲母。

天啓三年癸亥　師年七十八〔一〕

居曹溪禪堂。春正月，郡守張公入山問訊。三月，省城法性諸弟子至，師時專以法施爲心。四月，爲衆説戒，講楞嚴、起信等經論。秋七月，又爲衆説戒。十月初四，蕭宗伯玄圃公應詔北上，入山見師。欣然留連，且爲師卜壽穴，劇談一日夜，甚歡。出山，師即示疾。初六日，侍者廣益省城回，云「來得恰好」。韶陽太守張公親入山，延醫調治。初八，門人超逸至，云「再兩日，不得見汝了」。師知幻緣將盡，藥劑不服。十一日巳時，别張公。申時，飲水沐浴，焚香示衆曰：「大衆當念生死事大，無常迅速。」一心端坐而逝。

於時百鳥悲鳴，四衆哀號不已。星夜，毫光燭天，隔山之人咸疑寺中火也。三日面色如生，髮長唇紅，鼻端微汗，手足如緜。蕭公聞訃，悲慟久之，即移書南韶二郡公，爲師建塔及造影堂。先是，師離匡山，留首座通炯於五乳，調理大衆。至是三遺書促歸，中有云「汝早來一日，便是一日來。老人餘日無多力矣」。炯得書，遂忙忙南還，十月朔日抵曹溪。師見之，喜動顔色，且云：「來得好！遲時恐汝懊悔了。」炯初不會其意，連日侍立。所聞所叮寧者，皆佛法大意，惓惓以法門無人爲歎，提撕者又極緊切語，去期已先露於炯未歸之前矣。

大師年譜自序實録，向有手筆草稿，爲大師首座寄庵、通炯所藏。炯師殁後，法孫今照、今光住海幢寺，華首和尚從二僧取得此稿，繕寫封寄，今遵依元稿付梓。〈天啓三年癸亥實録〉乃大師入滅後，上首弟子福善等續記，附刻於後。以大師爲中興龍象，一言一行關係人天眼目。文取足徵，事貴傳信，不敢扳緣葛藤，添附蛇足，以滋法門增益之謗。後有正眼，幸鑒别焉。

戊戌孟夏佛成道日海印弟子錢謙益槃談謹書

（引自乾隆大藏經第一五六册憨山大師夢遊全集第五十三、五十四卷）

校釋

〔一〕本年「實録」爲憨山弟子福善所記。